우주도 아는데 나만 모르는

나답게 살면서
돈 버는 법

우주도 아는데 나만 모르는
나답게 살면서
돈 버는 법

소피노자 박서윤

이담
Books

프롤로그

[우리의 미래를 지배하는 라이프의 반란]

만약 여러분의 삶 속에서 내가 어떤 사람인지 증명해 낼 수만 있다면, 버는 능력을 10배 키우는 것은 물론 많은 사람들로부터 존경까지 받을 수 있다면 여러분은 나를 증명해 보이겠습니까?

지금 이 책을 집게 된 이유도, 삶 속에 변화를 주고 싶고 변화를 주는 비결을 알고 싶어서 선택했을 확률이 높을 겁니다. 하루하루 급작스럽게 변화되는 세상과 불시에 일상을 위협해 오며 삶의 근간마저 흔들리는 요즘, 우리의 눈과 마음은 목적지를 잃은 새처럼 위기와 혼란 속에 둥둥 떠다닐 뿐, 누군가 방황을 끝내 주기를 바라고 있을지도 모릅니다. 우리에겐 기댈 수 있는 시간과 공간들이 점점 사라져 가고 있습니다. 평생직장은 꿈꿀 수도 없고, 그렇다고 보란 듯 몸집이 큰 사업을 시작하기엔 막대한 자본도 성공에 대한 보장도 없습니다. 성공을 꿈꾸고, 미래를 기대하고, 더 나은 삶으로 나아가려고 노력하기만 하면 갈 수 있다는 소박한 꿈들마저도 조금씩 도둑맞고 있습니다. 도대체 우리에게 무슨 일이 일어나고 있는 걸까요?

앞으로 미래는 더 빠르게 바뀔 것이라고 합니다. 현존하는 대부분의 직업은 도태되거나 소멸되고, 우리가 생각하고 있는 성공의 기준, 직업의 기준, 일상의 기준은 조금씩 이동되어 새로운 지표로 우리를 이동시켜 줄 것입니다. 다행인 것은 더 이상 과거와 같은 방식이 아닌 새로운 방법을 찾아 미래를 만들어 간다면 우리의 소박한 꿈은 다시 소생할 수 있고, 두려움을 우리 일상에 끌어들일 필요도 없다는 겁니다. 저 역시 6년 전 평범하게 살다가 큰 위기를 맞이하게 되었고(남편의 실직, 큰아이의 자가면역 질환 병) 그때 공부하며 깨달았던 것은 삶을 주인의식으로 꽉 채운 사람들에겐 특별한 방법이 아닌 '평범한 비범함'이 있다는 것을 알게 되었습니다. 이 책에는 누구나 모든 사람이 걷고 있는 삶을 내 입맛에 맞게 반죽해서 버는 능력을 10배 키운 이야기는 물론 여러분이 학교에서 배우지 못한 소중한 내 인생을 가꿔 가며 삶과 업이 연결되도록 돕는 방법, 심지어는 진정한 성공자라고 불리는 사람들만 누리는 '존경받는 삶'까지 이룰 수 있는 스텝들을 담아 두었습니다. 저는 이렇게 누군가에게 내 삶을 통해 영향력을 선사하는 멋진 삶을 '라이프 인플루언서'라고 규정해 주었습니다. 허황된 꿈속 삶이 아닌 누구나 준비하고 도전하고 실행하면서 훨씬 더 현실적으로 접근할 수 있는 삶을 사는 방법이지요. 우선 여러분은 이 책에 쓰인 제 생각과 삶의 예시들을 읽고 여러분의 삶에 투영시켜 볼 것입니다. 라이프 인플루언서가 되겠다고 다짐한 후 저는 수백 명의 생각과 삶을 직접 만나 바꿀 수 있도록 도와주었습니다. 놀라운 점은 만났던 모든 분들의 내면에 이미 라이프 인플루언서로서가 될 자질과 능력이 잠재되어 있었다는 겁니다(단 한 사람도 빠짐없이). 안개가 자욱이 낀 일상에서 땅에 서 있으면 안개에 가려 주변이 아무것도 보이지 않습니다. 그런데 땅에서부터 10층까지만 올라가면 안개로 가려진 시야 위에는 평온한 일상이 존재한다는 사실을 깨닫게 됩니다. 단지 10층까지만 걸어 올라가기만 하면 되는데 많은 사람들이 걸어 올라가야 보인다는 사실도 모른 채 땅에서 어쩔 줄 몰라 하는 모습을 보며 저는 더 많은 사람들에게 평온한 일상도 누릴 수 있다는 사실을 알려 주고 싶었습니다. 여러분도 그런 삶을 누리는 사람 중 한 명이 되고 싶지 않나요? 자본 하나 들이지 않고 내가 서 있던 곳만 바꾸면 여러분 모두 라이프 인플루언서로서 새로운 삶을 창조해 낼 수 있습니다. 삶을 바꾸는 주제로 나온 책은 아주 많습니다. 그러나 그 책이 여러분의 삶을 바꿔 주는 명저가 되는 방법은 그 책을 내 삶으로 끌어들여 실행해 나가는 것입니다.

　그 길을 아는 것과 그 길을 걷는 것은 완전히 다른 것입니다. 마지막으로 라이프 인플루언서에 대한 제 철학을 밝히며 여러분 인생을 라이프 인플루언서로 바꾸는 축제에 초대장을 띄웁니다.

라이프 인플루언서는 직업보다 역량에 초점을 맞춘다.

라이프 인플루언서는 약점보다 강점에 초점을 맞춘다.

라이프 인플루언서는 소비자가 아닌 생산자가 되는 방법이다.

라이프 인플루언서는 전통적 성공방법에서 벗어나 나를 발견해 나가는 창의적 인생법이다.

라이프 인플루언서는 자기 자신을 보다 명확하게 규정해 나가는 방식이다.

라이프 인플루언서는 내 안에서부터 부를 차츰 늘려 나가는 방법을 찾아내는 것이다.

라이프 인플루언서는 나를 발견해서 비즈니스로 연결시켜 나가는 부의 창출 방식이다.

라이프 인플루언서는 나의 역량과 재능을 최대한 살려 남을 이롭게 하는 방법이다.

라이프 인플루언서는 보다 올바른 방향으로 자신의 업에 접근 하는 방식이다.

라이프 인플루언서는 자신의 기술과 지식, 능력을 최대한 사용 할 수 있게 돕는 길이다.

라이프 인플루언서는 경제적 독립으로 나아가는 과정이다.

라이프 인플루언서는 삶의 기술과 경험 덕분에 일자리 감축, 경제불황 등에 타격받지 않는 좋은 방어책이다.

목 차

1장

내 인생 스토리가
돈이 되는 세상

'나답게'의 힌트는 일상에 있다

오늘 인스타그램에 '일상스타그램'이라는 태그를 검색해 보았습니다. 게시물이 3,547만 개나 업데이트 되었습니다. 내일이 되면 게시물의 수는 더 많아지겠죠? 전국 곳곳에서 나만의 소중한 일상을 기록하기 위해 남긴 사진들이 스마트폰 화면을 화려하게 수놓습니다. 카페에서 찍은 커피 한잔, 구도가 걸작인 해변과 풍경 사진들, 자다 깬 수수한 모습, 화려하게 꾸며진 풀메이크업 사진, 보기만 해도 배고파지는 음식 사진들, 수많은 사람들의 삶을 동 시간에 확인할 수 있다는 사실이 새삼 감사하게 느껴집니다. 지금도 우리 주변엔 곳곳에서 자신의 삶을 공유하며 세상에 영향력을 펼쳐 나가는 사람들이 많습니다.

[250의 비밀]

며칠 전 디지털 노마드로 활동 중이신 디노 코코 강사님과 식사 자리를 가졌습니다. 식사 중 본인을 초보강사라고 하시며 강의 한 번 할 때마다 단 한 사람의 인생만 바뀌어도 너무 좋다는 목표로 강의를 하신다고 이야기해 주셨습니다. 저는 그 이야기를 듣고 '250법칙'에 대해 이야기해 드렸습니다. 한 사람의 인간관계 범위가 대략 250명이라고 합니다. 강의로 한 사람의 인생을 바꿀 수 있다는 것은 250명에게 영향력을 준 것과 같습니다. 만약 우리가 내 삶을 통해 매일 한 명씩 영향력을 선사한다면 그 한 명에게 나누어 준 영향력은 사실 250명에게 영향을 주는 것과 같습니다.

그렇게 한 달이 되면 7,500명인 것 같지만, 사실은 영향력을 받은 250명이 매일 또 다른 250명에게 영향력을 주고 있으니 훨씬 더 큰 수의 사람들에게 영향력을 주고 있는 것입니다.

평범하다고만 생각했던 내 삶이 누군가에게 영향을 줄 수 있다면, 그리고 그 영향력을 비즈니스화 시킬 수 있다면 내 인생은 어떻게 펼쳐질까요? 삶의 영향력이란 위대한 성공을 이룬 사람들만 주는 것이라 생각하셨다면 오늘부터는 나도 그런 사람이 될 수 있다는 사실을 받아들이면 좋겠습니다. 저 역시도 6년 전까지만 해도 성공보다 실패를 더 자주 하는 사람이라 능력 없고 쓸모없는 인생이라는 생각을 자주 했었지만, 제 인생은 자가면역질환(길랑바레증후군)에 걸렸던 아들로 인해 터닝 포인트를 맞이하게 되었습니다. 처음 들어 본 병명이었지만 증상을 진단한 소아과 한의사 선생님께서 엄마의 사랑이 그리워서 생긴 병이라는 말에 처음으로 진지하게 인생에 대해 고민하게 되었습니다. 제가 일상을 바꾸기 시작한 이유는 '적어도 아들에게 두 번 부정적 영향력은 주지 말아야지'라고 생각했기 때문입니다. 그날부터 아들에게 좋은 영향력을 펼치기 위해 새로운 삶의 기준과 가치가 필요했습니다. 평범함에 머물러 있던 제 인생이 아들과 많은 사람들에게 도움 되는 영향력을 펼치고 싶다는 꿈을 품어 보았습니다. 그때까지만 해도 구체적 실현방법을 몰라 6년 동안 매일같이 영향력을 펼치는 사람들의 삶을 공부하고 실천하기로 했습니다. 존 맥스웰, 김승호 회장, 강규형 대표, 전성수 교수, 토니 로빈스, 스티븐 코비, 브라이언 트레이시, 짐론 등 성공을 돕는 사람들의 책을 읽으며 소중한 인생을 빛내는 가치를 만들어 갔습니다. 그리고 어느새 저는 많은 사람들의 생각과 삶에 영향력을 끼치는 삶이 일상이 되었다는 것을 깨달았습니다. 많은 사람들은 자신만의 고유한 삶을 통해 영향력을 펼칠 수 있습니다. 흩어진 일상을 한데 모아, 일상을 차근차근 리모델링하다 보면 내 삶을 통해 다른 사람들의 삶에 성공을 돕는 라이프 인플루언서의 삶을 살 수 있습니다. 지금부터 저와 함께 내 일상에 작은 파동을 주는 인플루언서가 되어 보시겠어요?

['나다움'이 점점 더 중요해지는 시대]

초연결 세상이 펼쳐지면서 곳곳에서 인플루언서들이 등장하기 시작했습니다. SNS의 등장과 함께 인플루언서도 등급이 나뉘게 되었습니다. 팔로워 500명 이상은 나노 인플루언서, 500~1,000명 이상은 마이크로 인플루언서, 기자, 블로거 등의 팔로워 100만 명 이상은 메크로 인플루언서, 연예인이나 백만 유튜버는 메가 인플루언서라고 합니다. 이제는 얼굴이 예쁘거나 재능이 많은 사람이 영향력을 갖는 것이 아니라 나다운 것을 증명해 내는 사람들이 영향력을 갖는 시대입니다. 유명 유튜버가 추천하는 책은 순식간에 베스트셀러가 되고, 먹방이나 제품 리뷰를 하면 품절 현상까지 생기는 일들이 일상화되었습니다. 이것을 다른 말로 풀이한다면 이제부터 펼쳐지는 세상에는 누구나 다 영향력을 가진 인플루언서가 될 수 있다는 말이기도 합니다.

　앞서 말씀드린 것과 같이 개개인은 매일 타인에게 영향력을 선사합니다. 온라인으로든, 오프라인으로든 자신의 생각을 표현하고 라이프스타일을 구현해 냄으로써 다른 사람들에게 막대한 영향력을 펼칠 수 있게 된 것이죠. 그런데 사람들은 쉽게 연결될 수 있는 통로가 많아졌음에도 불구하고 여전히 외로움을 느낍니다. 또한 누가 진짜 진정성을 갖춘 인플루언서인지 궁금해합니다. 이런 가려운 부분을 긁어 줄 수 있는 것이 라이프 인플루언서의 역할입니다. 라이프 인플루언서의 전제조건은 '먼저 나에 대해 아는 것'입니다. 가장 강력한 영향력은 내 안에 담긴 질문에서부터 시작되는 것입니다. "나의 진짜 모습은 무엇인가?" "사람들은 나에게 무엇을 원할까?" "나는 왜 인플루언서가 되려고 하는가?" 전제 질문이 안에서 밖으로 향할 때 나의 점과 타인의 점이 비로소 연결되는 것입니다.

[내 삶이 브랜드가 된다는 것]

내 일상이 단순하게 흘러가는 것이 아닌 누군가에게 영향력을 펼치는 일상으로 만들고 싶다면 적극적 소통이 이루어져야 합니다. 그런데 내가 누군지 알리기 위해 아무리 소통하려고 해도 타인이 주목해 주지 않으면 아무 소용이 없습니다. 그럴 때 필요한 것은 나라는 사람을 브랜딩 하는 것입니다. 브랜딩은 기업만 하는 것이 아닙니다. 적극적으로 사회에 공헌하고 싶은 누구나 만들어야 하는 것이 브랜드입니다. 브랜드의 힘은 셉니다. 같은 관심사를 가진 사람의 호기심을 자극하고, 주의를 기울이게 하고, 나아가서는 그들만의 문화까지 만들 수 있는 파워를 지니고 있습니다. 브랜드는 느낌을 전달하는 것입니다. 사람들은 항상 외롭기 때문에 소속되고 싶고, 안전한 곳에 함께 머물고 싶어 합니다. 이럴 때 나라는 존재를 통해 사람들에게 유대감을 만들어 주고, 무한한 공감을 이끌 수 있다면 비로소 나의 존재가 인플루언서가 될 준비를 마친 것입니다.

라이프 인플루언서로서 내가 돕고 싶고, 바꾸고 싶은 사람들은 누구인가요? 나의 세계관을 그들과 나누기 위해 어떤 메시지를 던져 줄 것인가요? 어떤 방법으로 유대감을 형성할 건가요? 질문 하나하나에 답해 가다 보면 진정성을 갖춘 나만의 브랜드를 조금씩 구축할 수 있습니다. 새로운 나만의 브랜드를 만들어 타인으로부터 영향력을 주는 사람, 이것이 라이프 인플루언서의 자존감이자 영향력을 발휘하는 시작의 순간입니다.

'나'라는 브랜드는 내 인생에서 정말 나다움을 이야기하고 있나요?

돈 버는 인생에만 있는 '이것'

[가치라는 공식을 뒤집으면 보이는 것]

라이프 인플루언서에게 가장 중요한 것은 '자신만의 독특한 브랜드'를 구축하는 것이죠. 그렇다면 '브랜드란 무엇일까요?' 브랜드에 대해 질문을 드리면 창의적이고 다양한 답변을 많이 해 주십니다. 그중 자주 듣는 말이 '브랜드는 가치다'라는 답변을 자주 듣습니다. 그런데 정말 모든 브랜드가 가치 있는 것일까요? 가치 있는 브랜드가 될 수는 있지만 브랜드가 가치는 아닙니다. 여러분 마음속에는 '가치 있는 브랜드'도 있을 테고, '가치 없는 브랜드'도 존재할 테니까요. 내가 생각하기에 가치 없다고 생각되는 브랜드는 가치가 없으니 '브랜딩=가치'라는 공식은 성립할 수 없게 되는 것이죠.

그렇다면 브랜드란 무엇일까요?
제가 생각하는 브랜드는 철학이고, 신념입니다.
브랜딩을 통해 내 생각을 보이게 만들고, 타인의 마음과 머릿속에 내 철학과 세계관이 녹아들고 그들의 라이프스타일에 영향을 주게 되는 것이 브랜드인 거죠. 라이프 인플루언서는 자신의 삶을 브랜딩해서 다른 사람들의 삶에 영향을 줄 수 있어야 합니다. 그렇게 되려면 나 자신에 대해 끊임없이 성찰해야만 더 돋보이는 삶, 즉 '가치 있는 브랜드'가 될 수 있습니다. 자기 성찰이 강한 사람은 기본적으로 자신의 삶을 가꾸고 돌볼 줄 아는 내면의 힘이 강하기 때문에 자기 자신에게 질문을 던질 수 있습니다. "어떻게 살아야 더 좋은 삶이 될 수 있지?" 스스로 던진 질문에 대한 답이 행동을 바꾸고, 삶을 변화시키면서 다른 사람에게 감동과 가치가 담긴 메시지를 던지며 영향력을 발휘하게 되는 것입니다. 마치 피아니스트가 피아노 한 음, 한 음 미세한 음의 차이까지 잘 살피며 최고의 실력으로 연주하여 더 고급진 연주가 되도록 바꾸는 것과 같은 이치랄까요? 누구나 자신만의 삶과 철학과 세계관이 있습니다. 다만 그 **철학이 내 삶을 통해 완성되어 타인에게 영향력을 발휘할 때 비로소 그 철학을 실천하고 있는 내가 유의미한 존재가 되는 것**입니다.

[철학에 감정을 입히다]

디즈니, 스타벅스, 나이키, 애플 모두 신념과 철학의 완성체입니다. 그 신념과 철학은 브랜드를 만든 창업가의 삶을 보면 느낄 수 있습니다. 한 예로 스타벅스 CEO인 하워드 슐츠는 '관계'에 대한 자신만의 세계관이 명확했고, 스타벅스에서도 자신의 관계에 대한 세계관이 녹아들길 바랐습니다. 고객이 단순히 커피만 마시러 오는 공간이 아닌 관계를 지향하는 스타벅스의 문화를 경험할 수 있게 돕고 싶었죠. 스타벅스에서 만나는 모든 만남이 존중 어린 마음으로부터 시작되며 매장에서 고객과 바리스타 사이가 아닌 사람과 사람이라는 지향점을 향해 가도록 이끌어 줌으로써 '**스타벅스는 당신과 더 긴밀한 관계를 맺길 원합니다**'라는 메시지를 고객에게 끊임없이 던지고 있었던 것입니다. 자연스럽게 고객들의 머릿속에서는 '스타벅스는 나의 모든 것을 공감해 주는 공간, 나를 가장 진실하게 대해 주는 공간'이라는 이미지를 자연스럽게 만들었습니다. 스타벅스는 여전히 사람들에게 동일한 메시지를 지속적으로 전달하고 있습니다.

요즘 새로 등장한 '슬세권(슬리퍼+세권의 줄임말)'에 스타벅스가 포함되어 있는 사실만 봐도 하워드 슐츠가 스타벅스를 통해 고객에게 전하는 관계 중심적 메시지를 사람들에게 잘 전달했다고 볼 수 있습니다. 스타벅스가 끊임없는 위기 속에서도 굳건히 생존할 수 있었던 것은 브랜딩의 명확성에서 답을 찾을 수 있습니다. 고객이 느끼는 스타벅스에 대해 잘 표현한 이야기가 있어서 공유합니다. 하워드 슐츠가 직접 쓴 '온워드'의 일부입니다.

로스앤젤레스 경찰국 소속 형사는 스타벅스 매장에 날마다 두세 번씩 오는 단골이었다. 나는 그에게 어째서 그렇게 스타벅스에 자주 오느냐고 솔직히 물었다.
"그냥 간단하게 세븐 일레븐으로 갈 수도 있었습니다." 그가 무미건조하게 말했다. 이어서 그는 지난 주말에 아내와 식탁에 앉아 가정의 경제적 문제를 검토했다고 한다. 당시 수백만 가정에서 흔히 찾아볼 수 있는 모습이었다.

"아내가 내게 매일 스타벅스 가는 걸 그만둘 수 없겠느냐고 묻더군요." "그래서 저는 이렇게 말했죠."

"왜 그만둘 수 없는지 이야기해 줄게. 나는 단지 커피 한잔 때문에 그곳에 가는 게 아니야. 내가 하는 일은 거친 일이야. 나는 다른 사람들은 겪지 않는 일들을 경험하지. 하지만 그 와중에도 매일 의미가 되는 한 가지는 그 매장에 있는 사람들로부터 느낄 수 있는 따뜻한 기분이야."

짧은 대화지만 스타벅스에 대한 고객 관점을 아주 명확하게 나타낸 대화 글입니다.

글에 나온 주인공에게 스타벅스란 잠시 동안의 현실도피이자 달콤한 휴식이었던 것입니다. '가치 없는 브랜드'와 '가치 있는 브랜드'가 되는 한 끗 차이는 그 브랜드에 고객의 몸과 마음을 움직이게 할 철학과 세계관이 담겨 있느냐입니다. 좋은 브랜드는 안개와 같습니다. 선동하는 것이 아니라 상대방의 마음에 서서히 스며들게 하는 것이죠.

대한민국 최고의 비주얼 전략가 이랑주 작가의 '오래가는 것들의 비밀'에서도 이런 말이 나옵니다.

'오래가려고 생각하지 않기 때문에 오래가지 않는다.'

오래가려면 가치를 소비하게 만들어야 합니다. 사람들은 선별할 줄 압니다. '가치 있는 브랜드'와 '가치 없는 브랜드'를 말이죠.

라이프 인플루언서가 되고 싶은 여러분의 인생철학은 무엇인가요? 어떤 세계관을 나누고 싶은가요? 그 세계관을 전달하기 위해 어떤 가치 있는 실행을 하고 있나요? 라이프 인플루언서의 삶은 단 하루를 살아도 철학적 세계관에 흠뻑 젖은 하루를 살기 때문에 결코 허투루 보낼 수 없게 됩니다. 오늘, 여러분의 하루를 정의하는 메시지는 무엇이었나요?

톡톡 튀는 내 인생을 만드는 필수템

[디지털 시대에도 먹히는 스토리의 힘]

> 디지털 세상이 발전될수록 사람들은 무의식적으로 자신의 정체성
> 을 찾을 것이며, 그 어느 때보다 불안해할 것이다.
> - 필립 코틀러 -

한때 저녁만 되면 TV 앞에 옹기종기 모여 뉴스와 드라마를 보
던 시절이 있었습니다.

하나 지금은 온 가족의 대화 창구이던 거실의 존재 이유도 희
석되어 가고 있습니다. 온 가족의 눈빛을 살아나게 만들었던 TV
시대가 가고 1인 1스마트폰 시대, 바야흐로 온라인 커뮤니티가
대세인 세상에 살고 있습니다.

스마트폰의 세상은 인터넷 시대를 가속화시키며 불을 붙이는
도화선 역할을 했습니다. 사람들은 더 이상 외출을 꺼리고, 나만
의 공간에서 스마트폰 속 작은 화면을 통해 전 세계의 세상을 이
해하는 소통창구로 활용할 뿐 아니라 나와 타인을 연결시킵니다.

[보이지 않는 세상, 마켓 4.0의 시대]

마케팅의 아버지 필립 코틀러는 이런 온라인 강자의 시대를 일컬어 마켓 4.0 시대라고 정의했는데요. 마켓 4.0 시대는 누가 주도하고 있는 것일까요?

필립 코틀러는 이런 마켓 4.0 시대를 이끄는 온라인 강자를 세 부류로 나누었습니다.

첫째, 생각을 공유하는 젊은이들

둘째, 시장을 공유하는 여성들

셋째, 감정을 공유하는 네티즌

온라인을 이끄는 세 부류에 의해 새로운 커뮤니티가 활성화되고, 새로운 형태의 자유로운 플랫폼들이 시시각각 생겨나고 있습니다. 이러한 온라인 커뮤니티의 속성 속에서 필립 코틀러가 찾아낸 혜안은 바로 '인간 중심 마케팅'이었습니다. 그는 '브랜드가 인간이 될 때' 비로소 사람들은 진정성을 느끼고 친구처럼 편안해한다고 했습니다.

저 역시 외로움에 절대적으로 취약한 인간의 본성적 특성에 의해 온라인 공간이 확대될수록 사람들은 보다 인간적인 것에 향수를 느끼게 될 것이라고 생각했습니다.

'브랜드가 인간이 된다'라는 의미는 무엇을 담고 있을까요?

보다 친구 같고, 인간 중심적이고, 소통이 원활하며, 신뢰가 가는 브랜드를 말하는 것 아닐까요?

이렇듯 브랜딩의 개념조차 신개념으로 리뉴얼 되고 있는 마켓

4.0 시대에 저는 이 모든 것을 아우르고 포함하는 방법은 '모든 사람들의 삶이 스토리가 되어 Re 브랜딩 되는 것'이라고 생각합니다.

[다른 사람들의 라이프에 끌리는 사람들]

전 세계를 사진 플랫폼으로 이끌고 있는 '인스타그램', 여러분은 인스타그램에 대해 어떻게 생각하세요? 단순한 사진을 공유하는 플랫폼 인터넷 공간으로 바라보시나요? 저는 조금 다른 관점으로 인스타그램을 분석해 보았습니다. 제가 생각하는 인스타그램은 더 이상 단순한 사진 플랫폼이 아닙니다. 그곳은 마켓 4.0을 이끄는 온라인 유저들의 인생 스토리와 관심사가 담긴 행복을 전하는 공간입니다.

인스타그램 속에는 그들의 기쁨, 행복, 슬픔, 사랑, 시간, 인생이 담겨 있습니다.

그렇게 공통적 관심사를 가진 사람들이 #해시태그를 타고 타인의 라이프스토리를 통해 대리 만족을 느끼고, 새로운 관점을 배워 갑니다. 책 속에서만 인생과 지혜를 배우던 과거도 좋지만, 지금은 온라인 속 나만의 공간에 내 인생을 녹이고 직접 공유하는 디지털 인류의 삶을 살아가고 있는 것입니다. 여러분은 어떤 해시태그에 끌리시나요? 끌리는 해시태그 혹은 자주 검색하는 해시태그를 모아 보면 내가 관심 있게 보는 분야, 삶, 생각, 모든 것을 알 수 있습니다.

[디지털 세상에서 삶이 표현된다는 것은 어떤 의미일까?]

앞으로 온라인 세상이 가속화될수록 우리의 오프라인 삶은 더 차별화되고, 더 새로워져야 할 것입니다. 디지털 인류의 삶은 하루 중 온라인에서 보내는 시간의 많은 부분이 일상이 되었고, 온라인을 통해서 타인의 오프라인 세상의 삶을 찾아내길 원하고 있으니까요. 현실에서 알지 못했던 라이프스타일과 일상을 온라인 속에서 찾아내고 내 삶에 적용시키며 그들의 도드라지는 라이프 매력에 열광합니다. 그래서 우리는 온라인 시대에 맞는 라이프 인플루언서가 되어야 합니다. 내 삶을 통해 자신의 정체성을 명확히 찾는 방법을 알면 영향력이 생기고 이 영향력은 곧 비즈니스와 연결시킬 수 있게 됩니다.

어떤 사진작가가 이런 말을 했습니다.

"우리가 찍는 사진 한 장에 전략과 의미가 담기는 순간 더 이상 단순한 사진이 아니다."

우리 삶도 마찬가지입니다. 내 삶이 무의미하게 흘러가는 것이 아닌 내 삶의 부분 부분이 끌리는 스토리가 되어 누군가에게 도움이 되고, 닮고 싶은 일상이 되는 순간, 더 이상 우리는 나만의 삶이 아닌 것입니다.

누군가가 원하는 삶을 보여 주는 리더로서 우리는 전략적으로 브랜딩 되어야 하고 '브랜딩 된 나'를 비즈니스로 연결시킬 수 있어야 합니다. 이것이 라이프 인플루언서의 가장 중요한 사명이자 존재의 이유입니다.

[이론보다 강한 스토리의 힘]

스탠퍼드 대학교 학생들은 스토리의 중요성에 대해 배운다고 합니다. 누구나 자신만의 스토리를 갖고 있지만 스토리가 중요한 이유는 스토리가 이성이 아닌 감정의 전이를 일으키기 때문입니다. 타인의 삶을 변화시킬 때 중요한 요소 중 하나가 변화되고 싶도록 감정적 자극을 주는 것입니다. 감정적 자극은 이론이나 논리로 이뤄지는 것이 아니라 스토리를 통해 공감하고 그렇게 되고 싶도록 만들어지는 것입니다. 저 또한 만나는 분들로부터 삶의 이야기를 듣다 보면 이야기 블랙홀에 빨려 들어가기라도 하듯 인생 스토리에 매료가 되기도 하고 감정이입도 됩니다. 그러다 보면 도움을 주고 싶기도 하고, 인간적인 깊은 매력을 느껴 친구가 되기도 합니다.

우리의 삶이란 공장에서 찍어 내는 똑같은 제품이 아니라 미술 전시관 벽에 걸린 멋진 걸작들처럼 한 사람 한 사람의 스토리로 생명력을 불어넣고 인생이라는 미완성의 작품을 완성해 나가는 시간들의 합입니다. 일 년 중에도 사계절의 모습이 모두 다르듯 우리 삶의 모든 스토리도 다릅니다. 빛나는 스토리의 힘으로 다른 사람들의 삶에 영감을 불어넣어 줄 수 있다면 내 인생 속 별을 쏘아 올린 진정한 스타가 되지 않을까요? 모든 삶은 스토리가 담길 때 비로소 진정성 있고, 인간 중심적이게 되는 것입니다.

열정만 있으면 모든 게 가능해?

[꿈이 일상이 되는 순간]

어릴 적 어른들이 "넌 꿈이 뭐니?" 물으시면 통상적으로 어떤 직업을 갖고 싶은가에 대한 질문을 던지는 것이었습니다. 그런데 그건 참 모순된 질문이 아닌가 하는 생각이 듭니다. 만약 그 직업을 갖지 못하거나 중간에 하고 싶은 것이 바뀌어 버리면 이룰 수 없는 꿈이 되는 것이니까요. 성인이 되어 보니 **꿈이라는 건 직업을 말하는 것이 아니라 미래에 살고 싶고, 되고 싶은 모습을 그릴 수 있는 힘**이라는 사실을 알게 되었습니다. 꿈은 독특한 특징을 갖고 있는데 구체화시켜 두지 않으면 허황된 허상처럼 몽상 속에서 사라져 버릴 수 있다는 것입니다. 식물을 키울 때 물을 주는 것뿐만 아니라 햇빛도 비춰야 하고, 통풍도 잘 되어야 하고, 영양제도 주듯 보이지 않는 꿈을 지키고 실현시키는 방법은 나만의 라이프스타일 속에서 꿈을 이룬 모든 사람들의 꿈을 위해 노력하는 시간들을 쌓는 것입니다. 꿈을 이룬 모든 사람들의 꿈이 한순간의 마법처럼 이뤄진 것이 아닙니다. 물리적 힘을 가하고, 소중한 시간을 투자해 조금씩 이뤄 가는 시간들을 통해 만들어진 것입니다.

그렇다면 꿈을 일상으로 끌어와 실현시키려면 어떻게 해야 할까요? 또 하나 여전히 꿈을 모르는 분들은 어떻게 꿈을 찾을 수 있을까요? 주변에서 성공하신 분들에게 이런 것들을 질문 드리면 대부분의 대답은 이렇습니다. "내가 하고 싶은 것에 몰입해서 하다 보면 됩니다." 또는 "좋아하고 잘하는 것을 찾다 보니 성공할 수 있었습니다." 맞는 말입니다. 문제는 처음부터 내가 하고 싶은 것과 좋아하고 잘하는 것을 단번에 찾을 수 없다는 사실입니다. 저도 제가 가슴 뛰는 일을 찾기까지 11년이란 시간을 다른 방법으로 방황하며 보내야 했습니다. 그렇다면 이런 방황의 시간을 최대한 줄이기 위한 방법은 무엇일까요?

[열정보다 중요한 것]

제가 찾은 답은 열정을 따르지 말라는 것입니다. 열정을 따르려는 순간 방향성뿐만 아니라 내가 가진 에너지까지 잘못된 곳에 쏟아부을 확률이 높아지기 때문입니다.

"열정은 속임수다. 열정론을 증명하는 사례를 찾으려고 노력할수록 실제로는 그런 일이 얼마나 드문지 알게 될 뿐이다." 업에 대한 연구를 지속해 온 칼 뉴포트가 '열정의 배신'이라는 책에서 한 말입니다. 그러면서 그는 "제대로 일하는 것이, 자신에게 맞는 일을 찾는 것보다 중요하다"라고 합니다. 칼 뉴포트는 성공하기 위해서 열정이 아닌 커리어, 즉 자신의 실력을 키우는 것이 우선되어야 한다고 말합니다. 꿈이 일상과 연결되어 나만의 비즈니스로 실현될 수만 있다면 우리는 충분히 꿈을 갖고 삶을 살아

가는 라이프스타일을 가질 수 있습니다. 그러기 위해서 가장 먼저 해야 할 일은 내 관심사와 지금 내가 이룰 수 있는 일들을 나열해 보는 것입니다. 경제적 자산뿐만 아니라 **우리 인생에는 정서적 자산도 있고, 인맥의 자산도 있고, 내가 이루어 낸 성과적 자산**도 있습니다. 다만 우리가 돌봐 주지 않았을 뿐이죠.

지금부터라도 세상에서 가장 사랑하는 존재인 나 자신에게 꿈을 이룰 능력을 선물해 주시는 건 어떠세요? 열정에 속는 것보다 실제로 내가 가진 풍부한 자산과 마주해 보고 그 자산을 어떻게 불릴 수 있는지 고민하고 실행해 나갈 때 꿈이 일상이 되는 소중한 순간과 마주하는 시간이 될 겁니다.

[꿈의 스몰 스텝]

'크게 생각하고 작게 실행하라!' 많이 들어 보셨죠? 꿈은 크게 갖는 것이 중요하다는 사실은 알겠지만 막상 현실을 보면 가끔씩 불어오는 일상의 먹구름들이 우리의 시야를 가리기도 합니다. 매년 장마 시즌이면 낮은 지층의 집들이 빗물에 잠겨 지속적으로 수해를 입듯 우리도 일상에서 나의 생각과 행동반경들이 좁아지면 작은 파도에도 쉽게 출렁거릴 수 있습니다. 그럴 땐 의도적으로 명상이나 나의 마음을 바꿔 주는 행복한 장소에 가서 조금 여유를 갖는 것은 어떨까요? 내 마음에 여유가 있어야 비로소 보이지 않던 것들이 눈에 보이고 손에 잡히기 시작합니다. 그래서 저는 여유가 없으신 분들은 꼭 의도적인 나만의 시간을 하루 중 30분 혹은 한 시간이라도 갖는 것을 추천해 드립니다. 자, 그럼 심호흡 길게 한 번 하고 다시 출발해 볼까요?

　저는 꿈을 크게 갖는 것보다 더 중요한 것이 작게 실행하는 것이라고 생각합니다. 일상이 달라지기 위해서 가장 중요하게 여겨야 할 것은 단연코 실행입니다. 그 실행을 꿈과 연결시키는 것이지요. 그런데 실행에 앞서 준비해야 할 것이 있습니다. 실행할 수 있는 꿈을 보이게 만드는 것입니다. **사는 대로 생각하는 삶이 아니라 생각한 대로 사는 삶을 디자인하기 위해 꿈의 시간표를 만들어야 합니다.** 왠지 시간표 하면 학창 시절이 떠올라 부담스러워질 수 있으나, 반대로 저는 놀이공원 갈 때도 하루 동안 알차게 놀이기구를 즐기기 위해 시간표를 계획합니다. (저는 모든 것에 계획적인 사람은 아닙니다. 다만 제대로 노는 것에 최선을 다하기 위해서 시간표를 계획했습니다.) 중간중간 껴 있는 알짜배기 공연과 퍼레이드도 빼놓을 수 없으니 시간표를 미리 계획해서 최대 14개의 놀이기구를 몇 시간 만에 탄 적도 있었지요. 물론 퍼레이드와 공연까지 다 보았습니다. 꿈의 시간표는 놀이공원에 가는 설레는 마음으로 작성할 수 있습니다. 꿈의 시간표에는 내가 살고 싶은 인생을 설계해 보는 것, 내가 살고 싶은 장소와 집의 형태, 내가 이룰 수 있는 최고의 모습, 내가 살고 싶은 인생의 모습을 살고 계신 롤 모델 등을 채울 수 있습니다. 비전보드도 좋고, 글로 써 놓은 계획표도 좋고, 도표화된 시간표도 좋습니다. 중요한 것은 꿈을 구체화시키고 데드라인을 설정하는 겁니다. 그렇게 완성된 내 꿈의 시간표를 하나씩 작게 실행해 나가기 위해 준비운동을 합니다. 준비운동으로 추천 드리고 싶은 것은 내가 흥분되는 장소를 찾아가 보는 것입니다. 저는 이케아도 자주 가고, 좋아하는 카페도 가고, 그냥 단순하게 가족과 함께 하는 드라이브도 좋아합니다. 그렇게 마음 문을 열 준비가 되면 이제 꿈의 시간표를 실행해 보는 것입니다. 아주 작은 것부터, 지금부터, 할 수 있는 것부터 찾아서 도전해 보는 겁니다. 나의 꿈 시간표 중 어떤 것부터 실행해 보시겠어요?

어떤 분들은 '삶이 다 그렇지, 인생 뭐 있나?'라고 하시는 분들도 있겠지만 인생에는 반전도 있고, 별거도 있고, 운도 있습니다. 라이프 인플루언서는 그런 삶 속에 숨겨진 베일을 하나둘씩 벗겨 가는 삶을 사는 사람들입니다. 일상이 행복한 순간도, 위기가 닥친 순간도 여전히 품 안에 내 꿈을 꼭 안고 살아갑니다. 인생의 불확실성 속에서도 삶의 위기를 잘 극복해 내 가며 성장하는 **라이프 인플루언서에게는 특별한 비법이 아닌 꿈을 가진 비범함이 지속될 뿐입니다.** 아이들과 함께 짜 놓은 시간표대로 놀이기구 타던 그날이 여전히 생생히 기억납니다. 아마 시간표가 없었다면 우왕좌왕하다 녹초가 되어 집으로 돌아왔겠죠? 여러분의 꿈은 지금 방황 중인가요? 일상에 잘 스며들고 있나요?

일상 포착! 시선을 바꾸는 특별 훈련

[사람들은 일상에 목마르다]

'라떼는 말이야'의 꼰대가 되고 싶지는 않지만 독자 여러분의 이해를 돕기 위해 잠시 예전으로 돌아가야 할 것 같아요. 제가 어렸을 때만 해도 '파파라치'라는 단어가 유행이었습니다. 특히 화려할 것만 같은 연예인들의 사생활이나 연애, 결혼 등에 굉장히 관심이 많았죠. 어떤 연예인이 몰래 비밀연애라도 하다 걸리면 방송 3사에서 연일 '특종'이라며 파파라치 기자가 사활을 걸고 쫓아다니며 건진 정보 하나로 대서특필처럼 내보내곤 했습니다. 라떼에서 탈출해 요즘은 어떤지 살펴볼까요? 요즘 TV에서는 연예인들의 꾸며진 모습보다 일상의 모습 노출이 훨씬 잦아졌고, 그런 콘텐츠가 대중들의 호응을 더 많이 이끌어 냅니다. 심지어 매니저의 시선으로 연예인들의 일상을 챙기는 모습을 보여 주는 프로그램도 생길 정도로 이제는 뭔가를 보여 주기 위해 하나부터 열까지 **정제된 모습이 아닌 내추럴한 라이프스타일의 공유에 더 많은 관심을 갖습니다.** 수백, 수천만 개의 영상을 보유하고 있는 영상 콘텐츠 도서관인 유튜브에서는 브이로그라는 콘셉트로 자신만의 일상을 소개하는 영상들이 넘쳐 납니다. 콘텐츠 제작자는 브이로그를 통해 더 많은 사람들과 소통하기를 원하고, 그로 인해 시청자들은 브이로그를 통해 일상을 공유 받으며 영상 속 주인공과 시공간뿐만 아니라 유대감의 거리까지 좁혀 조금 더 가까이에서 소통하고 있다는 느낌을 받을 수 있습니다. 유튜브뿐일까요? 인스타에서 'ㅇㅇ스타그램'이라고 해시태그를 검색하면 자신만의 라이프스타일을 뽐내고 싶어 하는 사람들의 무한한 창조 공간이 펼쳐집니다. 그곳에 자신의 꿈을 적고, 하루 흔적을 남기고, 공유합니다. "다른 사람들은 오늘 뭘 먹었을까?" "어디서 무얼 했을까?" "어디가 맛집일까?" "그 유명한 잇템으로 무얼 할 수 있을까?" 더 이상 혼자 고민할 필요가 없게 되었지요. 요즘은 더 화려하게 꾸미고 포장할수록 사람들로부터 멀어지는 시대입니다. '어떻게 하면 더 가까이 갈 수 있지?'를 고민하며, 자신만의 라이프스타일을 공유하고 두터운 팬층을 구축해 나가는 삶이 대세입니다. 자신의 삶을 공유하고 마케팅 하는 삶을 살고 있는 모든 사람들을 저는 '라이프 인플루언서'라고 부릅니다. 자신의 일상을 공유해 영향력을 발휘할 수 있다면 누구나 다 라이프 인플루언서의 삶을 살고 있는 것입니다. 별 볼 일 없을 것 같던 내 일상에서도 숨은 가치는 얼마든지 많이 찾아낼 수 있습니다. 지금부터 저와 함께 일상의 가치를 찾아 떠나 볼까요?

[뭐지? 이 황금비율은?]

유튜브에서 주부들 사이에 핵인싸가 되신 분 중 유명한 한 분이 계십니다. 저 역시 이분의 황금 레시피 덕분에 '엄마는 황금

손'이라는 애칭을 갖게 되었는데요. 주부들의 집밥 고민을 말끔하게 해결해 주는 만능 기업가 백종원 씨입니다. 재료는 있어도 손맛과 요리 노하우가 꽝인 저는 늘 요리학원을 다녀야 하나? 고민했는데 도저히 요리학원 갈 시간은 없고, 언제부턴가 요리에 대한 자신감이 땅 밑을 파고들 정도로 뚝 떨어졌지요. 어느 날 냉장고를 뒤적거리다 보니 오랫동안 보관했던 삼겹살 한 덩이를 발견했습니다. 버려야 하나? 고민하다가 갓종원이라 불리는 백종원 씨의 도움을 빌려 보기로 했지요. '백종원 삼겹살'이라 검색하니 단번에 '불맛나는 대파 제육삼겹' 볶음이 상위 링크에 노출되었고, 저는 그 영상을 보며 노트에 레시피를 적고, 그대로 따라 해 보았습니다. 제육 비주얼은 그럴싸한데 맛이 정말 있을까? 약간의 고민과 망설임이 생겼으나 제가 좋아하는 도자기 접시에 정갈하게 담아 깨소금을 착착 뿌린 후 저녁 식탁 메인 요리로 올려 보았습니다. 그날따라 다행히(?) 배가 많이 고팠던 신랑과 아이들은 제육을 한 입 베어 물고는 이렇게 말했죠. "엄마! 이거 찐이야!" "여보, 뭐야 이 황금비율은?" 내심 뿌듯함이 하늘 끝까지 뻗어 나가며, 제 손맛이라고 자랑해 보고 싶었지만 겸손모드로 화답해 주었습니다. "역시 갓종원 선생님이네, 백종원 레시피대로 따라만 했더니 너무 맛있다"라고요. 제육볶음 하나 덕분에 그날 저녁 저희 집 밥솥에 있던 쌀밥이 모두 실종되는 재밌는 경험도 하게 되었습니다. 백종원 씨는 (우리 나라 대표 요식업) 기업가이며 수십 개의 음식 브랜드 런칭을 성공시킨 장본인입니다. 하지만 성공한 기업가는 아무나 될 수 없기에 조금 더 허들을 낮춰 누구나 할 수 있는 일상 집밥 레시피에 자신만의 노하우를 가득 담아 공개함으로써 많은 대중들로부터 존경과 사랑을 받는 존재가 되었습니다. 요알못 주부들에게는 한 줄기 빛과 같은 존재가 되신 거죠. 제가 실제로 해 보니 백종원 레시피로 검색한 모든 음식을 했을 때 거의 실패가 없었습니다. 만약 백종원 씨가 자신의 기업만 키우기 위해 대중과 소통 없이 사업만 하는 분이었다면 돈은 벌 수 있었겠지만, 지금처럼 많은 대중의 지지는 받지 못했을 겁니다. 하지만 고객의 편에 서서 "어떻게 하면 내가 가진 강점을 이용해 고객의 삶에 도움을 드릴 수 있을까?"를 고민하고 기꺼이 집밥 레시피를 공유해 주었기에 지금의 자리에서 승승장구하실 수 있는 것 아닐까요? '골목식당'이나 '푸드트럭' 같은 프로그램에서도 독설을 날리시기로 유명하지만 그것이 결국, 음식을 경영하는 사업가의 마인드를 바꾸고, 음식을 더 맛있게 만들어 내도록 도움으로써 고객 입맛도 만족시킬 수 있는 선순환의 구조까지 만들게 됩니다. 이로써 저희 집에는 한동안 백종원 선생님의 레시피가 대세가 되겠죠? 그렇게 저는 저희 집 황금 손맛의 주인공이 되었습니다.

[라이프 힐러에게 드린 아이디어]

저희 연구소에서 진행하는 세미나 교육을 듣고, 알려 드린 노하우대로 정말 열심히 실천하셔서 지금은 '라이프 힐러' 브랜드로 활동하시는 분이 계십니다. 그분은 에버랜드에서도 서비스 엔젤로 꼽힐 정도로 최선을 다하셨고, 온라인 쇼핑몰도 10년 운영

두 개의 이름을 가진 사람

하나는 태어나면서 얻는 것이요,
다른 하나는 스스로 만들어 내는 것이다.

[나의 근원이 있는 곳, 이름]

얼마 전 엄마와 대화를 나누다가 엄마께서 말씀하시길 "이름에 '선' 자가 들어간 것이 영 마음에 안 들어"라고 하셨습니다. 착할 '선' 자가 들어가서 왠지 자꾸 착하게 살아야 될 것 같다고 하시면서요. 생각해 보니 엄마는 일평생 화를 거의 내지 않는 편이셨습니다. 이름 때문이라고 단정 지을 수는 없지만 아마도 무의식의 목소리가 "너는 화를 내면 안 되는 사람이야"라고 엄마 스스로에게 말을 던지고 있지 않았을까요? 단순하게 나를 부르기 위해 선택한 글자 석 자가 나 자신에게 이름에 대한 이미지를 만들고 생각을 부여받게 한다니 조금 놀라웠습니다. 저 역시 여러분에게 커밍아웃을 하자면 제 이름도 얼마 전 개명했는데요. 원래 이름은 '박혜원'이었고, 현재 이름은 보시다시피 '박서윤'이라고 개명했습니다. 혜원이라는 이름이 싫지는 않았지만 부를 때도, 쓸 때도 어려운 음운과 억양 때문에 썩 마음에 들지는 않았습니다. 그런데 서윤으로 개명한 후에는 자꾸 이름이 부르고 싶어지고, 이름이 불릴 때마다 부자 느낌도 나는 것 같습니다. 이름만 바꿨을 뿐인데 제 생각과 행동, 마음가짐이 새로 세팅 되는 것 같은 신기한 경험을 하고 있는 요즘이에요. 모든 것은 이름을 부여받으면서 존재를 드러내게 됩니다. 그리고 그 이름에는 자신의 근원을 만드는 무언의 힘이 포함되어 있지요.

　나 자신을 포함해 가까운 지인의 이름을 부를 때, 그 사람이 풍기는 이미지, 매력, 느낌 등은 모두 다릅니다. 그러나 그 사람의 이미지가 이름과 매칭이 되는 경우는 꽤 많이 봐 왔던 것 같아요. 여러분은 자신의 이름에 어떤 이미지를 부여하셨나요? 그 이미지가 현재의 내 모습을 만들지는 않았나요?

[나를 객관화해서 바라볼 수 있는 힘]

　자신에게 가장 어려운 것 중 하나가 나를 객관화해서 바라보는 것이죠. 하지만 차별화된 라이프 브랜딩을 위해서 가장 중요한 포인트는 '나를 객관화해서 바라볼 수 있는 힘'이라고 생각해요. 실제로 브랜딩이 확실하고 명확하게 되신 분들을 보면 자신의 특색, 강점 등이 분명하신 분들이 많이 있습니다. 그분들은 자신이 무엇을 잘하는지, 되고자 하는 모습이 무엇인지, 내가 남을 도울 수 있는 것이 무엇인지, 정확히 파악한 후에 자신을 사람들이 원하는 모습에 알맞게 포지셔닝 했기에 확실한 브랜딩이 될 수 있었습니다.

우리 뇌는 망각하는 특징이 있습니다. 그래서 정말 기억에 남는 1등만 기억하거나 많아도 2, 3위 순위 정도만 기억하고 나머지는 잊어버리기 쉽습니다.

우리가 외식이나 회식 메뉴를 정할 때에도 가장 맛있는 음식집으로 기억된 곳을 선택하고, 의학적 도움이 필요할 때에도 그 분야 최고 전문가를 찾지요. 이유는 심플합니다. 우리에게 주어진 유한한 시간과 선택적 기회비용을 최소화하기 위해서지요.

누군가 '1등만 기억되는 더러운 세상'이라고 했는데 그건 인간의 두뇌 특성상 본능적이고 자연스러운 반응인 것입니다.

타인의 머릿속에 최대한 각인되기 위해 우린 브랜딩이라는 차별화되고 유니크한 포장지에 잘 포장되어 있어야 하고 그 포장지를 잘 갈고 닦아 주어야 합니다.

브랜드의 실체는 눈에 보이지 않고 상대방이 느끼는 감정, 느낌이기 때문에 '어떤 무형의 이미지나 감정을 전달할 것인가'가 핵심이랍니다.

'나이키, 스타벅스, 배스킨라빈스31, 삼성' 이 로고들을 보면 어떤 느낌이 드나요?

지금 여러분이 느낀 그 느낌 그대로가 브랜딩 그 자체입니다. 마케팅의 이단아 세스 고딘의 신작 '마케팅이다'에서 이런 말이 나옵니다.

'당신이 무엇을 대표하는지 알면 경쟁할 필요가 없다.'

여러분도 나를 대표하는 무엇인가가 필요한 시대입니다.

예전에는 친구들이 별명을 부르는 것이 놀림거리가 된 것 같아 싫었지만, 지금은 나만의 네이밍이 필요한 시대입니다. 그 네이밍 속에는 여러분이 전하고자 하는 메시지, 이야기, 나만의 개성이 표현되어야 합니다. 변화하고자 하는 흐름 속에서 나만의 스토리를 구축하고, 확보해 내는 것, 이것이 가능성에 기반을 둔 생산자의 자세이고 마케팅입니다.

[제 두 번째 이름은 '소피노자'입니다]

라이프 인플루언서가 되기로 결심한 이후 마케팅 공부를 쭉 해 오다가 저만의 매력을 한껏 품은 네이밍을 찾고 싶다는 생각에 잠겼습니다. 부모님께서 태어날 때 지어 주신 이름이 아니라 제 인생을 더 명확하고 확실하게 다듬어 줄 두 번째 이름이 필요했던 것이지요.

어느 날 밤 잠자리에 들기 전 뇌에게 주문을 던져 보았어요. '나에게 새로운 이름을 지어 줘.' 뇌에게 이야기한다는 말이 조금 이상하게 들릴지 모르지만 실제로 무의식에 말을 거는 것이 어쩌면 제일 정확한, 혹은 근접한 결과를 예측해 줄 때가 많답니다.

흔히 직감의 영역이라고 많이 하지요? 저는 직감이 굉장히 발달한 편이라 어떤 예측을 할 때 직감에 많이 의존하는 편입니다. 직감을 믿는 이유에 대해서는 의학적 의미가 내포되어 있어서 제 짧은 소견보다는 '몰입' 책에 나온 내용 일부를 첨부합니다.

[옥스퍼드 대학교의 포스터 교수는 낮에 아무리 고민해도 풀리지 않던 문제가 있다면 잠들기 전에 생각해 보라고 권한다. 뇌는 깨어 있을 때 오히려 깊은 '생각'에 집중하지 못한다고 한다. 깨어 있는 동안에는 외부에서 시각, 청각, 후각, 촉각 등의 정보가 쉴 새 없이 들어와 이를 처리하기에도 바쁘기 때문이라는 것이다. 뇌가 쉬면서 하루 동안 무수히 많은 경험한 것들에 대해 숙고하는 유일한 시간은 수면할 때 뿐이다. 그리고 이때부터 새로운 아이디어와 새로운 접근 방식이 떠오르기 시작한다. (몰입2, p.135)]

이렇게 3일 정도 몰입을 유도하다 보니 제 무의식이 아침에 눈 뜨자마자 [소피노자]라는 멋진 네이밍을 지어 주었어요. 소피 (sophia)는 지혜라는 뜻이고 제가 좋아하는 도덕경의 노자를 합하여 **'철학하는 지혜로운 실행가'**가 되어 보자! 하는 생각이 번뜩 들어 짓게 되었답니다.

인터넷에 검색해 보니 아직 '소피노자' 닉네임을 사용하시는 분은 계시지 않아 곧장 상표권 등록을 했어요. 마치 출생신고 하는 느낌이었어요. 저는 이렇게 유니크하고 독특한 것을 찾아내는 것을 매우 좋아합니다. 독특함이 생길 때 유니크함도 빛이 발휘되니까요.

내가 잘하는 것을 가장 반짝반짝 빛나게 해 줄 나의 온리 원 네이밍을 찾아 라이프 브랜딩을 실현해 보세요. 이 책을 보시는 한 분 한 분 모두가 브랜딩의 달인이 될 자격이 충분합니다.

내 안에 숨겨진 상자 언박싱 하기

[진정성이 담겨 있는가?]

저는 소피노자라는 브랜드명을 갖고 있지만 저는 봄들애 교육연구소 이사의 역할도 갖고 있습니다. 어느 날 저와 상담을 하고 싶다는 고객 한 분이 계셔서 급하게 카페로 갔습니다.

고민거리가 있으시다는 그분의 이야기를 충분히 듣고, 제가 알고 있는 선에서 많은 지식과 지혜를 총동원해서 그분께 드릴 수 있는 몇 가지 혜안을 드렸습니다.

고객께서 제 의견을 다 듣고 나신 후에 이런 피드백을 주셨습니다.

"박 이사님은 항상 언어와 눈빛에 진정성이 담겨 있으세요. 그게 저를 끌리게 하는 매력이신 것 같아요." 그 말씀을 듣고 "제 눈빛이 조금 비쌉니다." 하고 가벼운 위트로 대신했지만 연구소에 돌아와 곱씹어 보는 내내 행복한 마음이 들었습니다.

항상 진심으로 대했을 뿐인데 고객분들도 그 마음을 느끼고 알아채 주셨다고 생각하니 한편으로 흐뭇하고 기쁘기도 했지요.

이 말씀을 드리는 이유는 '진정성'에 대해 알리고 싶어서입니다. 온라인 영역이 확대될수록 진정성의 의미는 더 중요해졌습니다. 진심은 상대가 말하지 않아도 드러납니다. 특히 진정성 부분에서 만큼은 탁월한 분별력을 갖고 있지요. 저도 제가 운영하고 있는 독서 모임 책을 선정할 때, 좋은 책들은 저자분을 모시기도 하는데 책 내용이 아주 좋다고 하더라도 미리 사전 점검은 필수입니다. 그분의 SNS 활동이나 그분을 알고 계시는 분들의 평판을 미리 찾아보니 책 내용과 삶의 괴리감이 느껴지시는 분이 몇 분 계셨습니다. 아무리 책 내용이 좋아도 삶 속에서 진정성이 결여되면 어쩔 수 없이 초대를 포기해야 했습니다. **진정성은 한결같이 매 순간이 똑같음에서 나옵니다. 일종의 원칙 같은 것이죠.** 원칙은 내 인생에 있어서 중요하다고 생각하는 조각들의 모음이라서 원칙이 모이면 그것은 신념이 되고, 신념은 내 삶에서 언행일치를 불러오는 역할을 합니다. 여러분은 삶에서 어떤 진정성 있는 원칙이 있으세요? 이 질문에 답을 하려면 먼저 내가 옳다고 생각하는 것과 좋아하는 것을 쭉 나열해 볼 필요가 있습니다.

저 역시 내가 옳다고 여기는 것, 좋아하는 것, 내가 생각하는 나의 모습, 타인으로부터 자주 들어 왔던 모습 등을 적어 내려가고 나니 내가 '소피노자'일 수밖에 없구나! 하고 깨닫게 되었답니다.

그럼 제가 소피노자일 수밖에 없는 몇 가지 이유를 공유해 보겠습니다.

아래 적어 내려간 것은 제가 관심 있는 것, 잘하는 것, 좋아하는 것 위주로 적혀 있습니다.

[박 이사가 소피노자일 수밖에 없는 이유]

1. 매일 아이디어 찾는 것을 즐긴다.
2. 세상을 바꾸고 변화를 일으키고 싶은 생각이 많다.
3. 내가 먼저 삶으로 보여 주어야 한다는 신념이 강하다.
4. 자아 성찰이 높다.
5. 집 꾸미기, 청소, 정리 정돈을 좋아한다.
6. 쉬는 것을 별로 좋아하지 않는다.
7. 독서를 너무 사랑한다.
8. 식물 돌보는 것을 좋아한다.
9. 여행을 좋아한다.
10. 산책을 좋아한다.
11. 지적 사고를 즐긴다.
12. 마케팅 역량이 높다.
13. 틀에 박힌 것을 가장 싫어한다.
14. 사람들에게 영감과 비전을 불어넣어 주는 것이 좋다.
15. 성장하려는 사람들, 성공 습관을 가진 사람들과 함께하는 시간을 즐긴다.

어때요? 저에 대해 조금은 어떤 사람인지 알 수 있을 것 같나요? '나'라는 사람에 대해 깊이 생각해 본 적이 드문데 조용한 카페에 앉아 이렇게 자신을 돌아보고 적어 보니 저는 '철학과 사색, 생각하는 것을 즐기고, 아이디어가 떠오르면 즉시 실행하는 것' 역시 좋아하는 성향을 갖고 있었다는 사실을 확실히 알 수 있었습니다. 소피노자라는 네이밍이 생긴 순간 더욱 명확해진 정체성을 갖게 되었고, 제 삶을 소피노자의 신념으로 진정성 있게 만들어 내기 위해 더욱 힘쓰게 되었답니다.

[기대되는 소피노자의 삶]

앞으로 저는 더 지혜로워질 것이고, 현명하게 실행하는 삶을 살 것이며, 제 삶을 통해 타인을 돕기 위해 성장하는 삶으로 꽉 채울 것입니다. 그리고 남과 같은 사람이 아닌 유일한 사람이 되기 위해 끊임없이 변신할 것입니다. 유니크한 매력 부자가 되는 행복한 방법, 라이프 인플루언서가 되세요. 이 책을 읽는 독자 여러분 모두가 '나' 자신을 브랜딩 하고 '나의 삶(라이프)'을 비즈니스화시키는 마켓 4.0의 주인공이 되셨으면 좋겠습니다. 라이프 인플루언서의 성공 여부는 남이 성공시킨 것을 보고 따라가는 것이 아니라 내 삶 속에서 찾아내는 것입니다.

내 삶은 내가 가장 전문가이기 때문입니다. 앞으로 빠르게 변화할 미래에 더욱 화창한 미래를 맞이하기 위해 당당하게 내 삶을 브랜딩 하세요. 너무 완벽하실 필요는 없어요. 인간적인 브랜드가 가장 매력적입니다.

이제 여러분 자신과 삶 속으로 들어가 볼 차례입니다. 독서를 멈추시고 종이에 내가 좋아하는 것들을 채워 볼까요?

[내가 관심 있는 것 & 내가 좋아하는 것]

[내가 잘하는 것]

[타인이 나를 바라보는 관점]
기질, 성향, 장점 무엇이든 좋습니다.

이것을 바탕으로 나만의 멋진 두 번째 네이밍을 언박싱 해 보세요. 모든 변화의 근원은 자기 자신을 규정하는 정체성에서부터 시작됩니다.

돈 되는 인생에만 존재하는 것

[구해 줘! 라이프스타일]

읽자마자 내가 찾던 책이라는 것을 직감하고 10번 이상 반복해서 봤던 책 '라이프스타일 비즈니스가 온다'에 보면 사람들은 누구나 욕망을 갖고 있지만 자신이 진정으로 원하는 것을 잘 알지 못한다고 합니다. 저렴한 게 좋아서 다이소에 가서 물건을 사지만, 정말 저렴한 제품만 구매하는 것을 라이프스타일로 삼고 싶어서 가는 것은 아닐 수도 있다는 말입니다. 다이소에서 매번 물품을 구매해 왔지만 어느 날 정갈하고 깔끔한 디자인으로 된, 하지만 다이소보다는 비싼 무인양품 브랜드를 보고, 내가 추구했던 가치가 저렴한 제품이 아니라 '심플'이었다는 것을 알고 그 이상향과 맞아떨어지는 기쁨을 찾기도 합니다. 저 역시 아무리 비싼 가구를 구매해도 집 안에서 매칭이 이루어지지 않아 자꾸 디드로 효과(하나의 물건을 구입한 후 그 물건과 어울리는 다른 제품들을 계속 구매하는 현상)가 일어났었는데 이케아가 한국에 진출하고 나서부터는 그런 고민이 말끔히 사라지게 되었습니다. 사기만 해도 기분이 좋아지고, 집 안에 설치해 두면 북유럽에 온 듯한 착각을 일으킬 정도로 기분이 좋아집니다. 이케아 가구를 구매한 뒤부터 집이 너무 좋아서 심한 집순이가 되는 약간의 애로 사항이 있지만 말이에요.

모든 인간의 필요는 욕망으로부터 출발합니다. 그 욕망을 구체적으로 구현해 낸 것이 바로 라이프스타일 비즈니스인 것이지요. 스타벅스, 홀푸드 마켓, 이케아, 무인양품, 러쉬 등이 대표적인 라이프스타일 기업들입니다. 럭셔리 라이프스타일을 추구하는 사람은 럭셔리한 커피로 대접받는 느낌을 받기 위해 스타벅스 커피를 마시고, 건강을 가치의 우선순위에 두는 사람은 유기농 건강 식단을 위해 홀푸드 마켓에 건강하게 진열된 채소를 구매합니다. 정돈되고 깔끔한 미니멀라이프가 좋은 사람들은 로고까지 빼 버린 무인양품 제품으로 집에 있는 수건 색을 호텔처럼 화이트로 깔 맞춤 할 것입니다. 라이프스타일 기업은 제품을 판매하는 것이 아니라 결국 사람들의 욕망을 파는 것입니다. 요즘 바쁜 현대인을 위해 의뢰인 맞춤형 집을 찾아 주는 서비스를 제공하는 프로그램 '구해줘 홈즈'처럼 여러분의 라이프스타일을 구현해 내고 있는 나만의 맞춤형 라이프스타일을 찾아보세요.

[책이 아닌 라이프스타일을 파는 서점]

일본의 한 서점에는 이상한 규칙이 있습니다. 자연친화적 디자인 설계가 되어 있어야 하고, 서점 내부에 햇살 조망이 가능할 것, 서점 건물 사이사이로 자연 바람이 불 것, 책은 가나다 순서가 아니라 라이프스타일을 제안하는 콘셉트별로 묶어 진열할 것

등 일반 서점에서는 잘 적용되지 않는 규칙인데요. 통념적인 서점이 아닌 라이프스타일을 제안하는 서점을 처음 만든 라이프스타일 디자이너 마스다 무네아키가 설계한 츠타야 서점입니다. 우리나라 대형 서점인 교보문고도 츠타야 디자인을 영향받았을 정도라고 하니 마스다 무네아키의 영향력이 대단합니다. 츠타야 서점은 철저히 고객 입장에서 만들어진 서점입니다. 무네아키가 자신의 저서 '취향을 설계하는 곳 츠타야'에서 밝힌 바에 따르면 츠타야 서점은 고객의 동선을 하나하나 직접 걸어 보고, 그때의 기분을 느껴 보고, 서점에 어떤 고민을 해결하기 위해 방문하는지까지 세세하게 고려하여 기획했다고 합니다. 그래서일까요? 츠타야에는 스타벅스도 입점해 있는 곳이 있습니다. 럭셔리 라이프스타일의 대명사 스타벅스와 취향을 설계해 주는 츠타야의 만남을 선호하지 않을 이유가 없겠죠?

[라이프 인플루언서는 이것을 팝니다]

라이프스타일에 대해 이야기를 나누다 보니 그렇다면 라이프 인플루언서는 무엇을 파는 걸까? 하는 의문이 떠오르지 않으셨나요? 라이프 인플루언서 역시 사람들의 로망, 되고 싶은 이상향의 삶을 보여 주고, 그 삶을 원했던 사람들이 잘 살 수 있도록 돕는 역할자로서 할 수 있는 방법들을 기획하고, 디자인하고, 제안합니다. 예를 들어 저는 대부분의 사람들이 꿈꾸는 존경받는 성공자의 인생을 살아 내기 위해, 필요한 것들을 찾아내어 교육 기획안을 묶어 제안하거나 1:1 라이프 코칭을 통해 고객이 원하는 진정한 라이프스타일과 브랜딩을 하실 수 있도록 돕고 있습니다. 그리고 저 역시 본이 되도록 그렇게 살고 있습니다. **라이프 인플루언서에게 가장 중요한 것은 자신의 라이프스타일대로 삶을 명확하게 살아 낼 수 있는 역량**입니다. 어떤 사람들은 '시간이 흐르는 대로, 언젠가 이루어지겠지'라는 안일한 태도로 삶을 대하며 살아가지만, 라이프 인플루언서는 '내 인생의 주인공은 나다.' '나는 내 삶을 통해 라이프스타일을 제안하는 사람이다.'라는 확실한 비전을 지니고 삶을 살아갑니다.

마스다 무네아키는 앞으로 모든 사람들이 '디자이너가 되는 시대'에 살고 있다고 이야기합니다. 여러분이 라이프 인플루언서로서 자신의 인생을 디자인하고, 그 삶을 통해 역으로 다른 사람의 인생을 리모델링하며 진짜 삶을 찾도록 도울 수 있다면, 그것이야말로 라이프 인플루언서가 지향하는 최고의 제안 공식입니다. 내 삶 속에 나만의 인생자본이 있음을 꼭 기억하세요.

인생 가속도를 10배 끌어올리는 법칙

[긴 것보다 어려운 짧은 것]

학교 다닐 때 제일 부담스럽고 어려웠던 과제 중 하나가 요약하는 것이었던 생각이 납니다. 길게 쓰는 것은 자신 있는데 선생님은 왜 자꾸 짧게 줄여 오라고 하시는지, 그리고 그 짧은 것에 핵심 주제를 찾아야 한다는 사실은 더 부담스러웠죠. 다다익선, 글이 길어질수록 생각도 자유롭게 표현하고, 더 자세히 이야기를 전할 수 있을 텐데… 하는 의구심을 매번 품으면서도 선생님의 말씀대로 글을 줄이고, 또 줄이면서 자신과의 싸움을 해야 했습니다. '이것만 남기는 것이 맞는 것일까?' 하며 시험문제 풀 듯 정답을 찾고 있는 제 자신과 마주하면서 말이에요.

그런데 어른이 되고 나니 관점이 조금 달라졌습니다. 인생에서도 두루두루 잘하는 재능보다 나를 빛나게 해 주는 단 한 가지를 찾아 그것을 필살기로 갈고 닦은 사람이 어딜 가나 자신감 넘치는 매력도 함께 따라다닌다는 사실을 발견했습니다. 물론 지금은 1인 경영 시대이기에 무엇이든 잘 배우고 실행해야 하는 만능 멀티플레이어의 시대지만, 타인에게 보이는 자신을 당당하게 드러내 보이기 위해서는 반드시 나만의 필살기가 필요합니다. 페이팔 마피아의 대부이자 창업가 피터 틸이 말한 10가지 성공법칙 중에서도 같은 맥락의 법칙이 있는데요. 피터 틸은 '한 가지만큼은 다른 사람이 따라오지 못할 정도로 잘해야 한다'라고 말합니다.

[명중은 아주 작은 칸이다]

활을 쏘는 과녁판을 보면 명중의 자리는 항상 가장 좁고 작습니다. 명수들은 그 작은 원 안에 명중시키기 위해 필살의 노력과 고도의 집중을 합니다. 실오라기 같은 바람결에도 점수가 왔다 갔다 하기에 명수들이 활시위를 당길 때는 여린 숨조차 쉬지 않는다고 합니다. 사람의 마음속에 정확히 명중하는 브랜드가 되기 위해서도 좁혀야 합니다. 무엇을 좁혀야 할까요? 타깃을 좁혀야 합니다. 언제부턴가 생긴 단어가 하나 있습니다. 뭔가에 푹 빠진 사람들을 일컬어 '덕후'라고 표현합니다. 우리는 누구나 덕후이고 덕후 세상에 살고 있습니다. 저는 북유럽의 편안함을 주는 동시에 고된 노동(?)을 요하는 불편함의 대명사 이케아 덕후이며, 1일 1독을 사랑하는 책 덕후입니다. 제 지인 중 한 분은 여행 덕후입니다. 여행에 관한 거의 모든 정보를 알고 있습니다. 그뿐만 아니라 영화 덕후, 피규어 덕후, 신발 덕후 등 수없이 많은 덕후들과 세상을 살고 있습니다. 여러분도 자신이 어떤 덕후인지 찾으셔서 그것에 대한 명확한 전문성과 필살기를 갈고 닦아 같은 관심사를 가진 사람들에게 명중시켜야 합니다. 그때 필요한 것이 브랜드의 힘인 것입니다. 제가 글은 길게 써야 제맛이라고 여겼던 것처럼 더 많은 것을 보여 주고, 더 많은 것들을 알린다는 생각은 본질에서 한참 벗어난 생각입니다. 과녁의 명중 칸이 가장 작은 원으로 숨겨져 있는 것처럼 모든 것을 두루두루 잘하는 사람이 아닌 **명중시킬 명확한 한 가지를 드러내는 것이 훨씬 임팩트가 강합니다.** 저는 이것을 '철학이 담긴 브랜딩'이라고 표현합니다. 정말 중요하게 전달하고 싶은 메시지 하나에 집중하는 순간 더 강력한 힘이 생깁니다. 그 힘은 누군가에게 가치가 되어 이상향을 제시해 주고, 적극적인 공감대를 불러일으킵니다. 그야말로 명중인 거죠. 여러분은 타인과 만나는 단 하나의 접점이 어디인 가요? 무엇인가요? 핑크 안경을 쓴 임금이 온통 세상을 핑크로 물들여 바라보는 것처럼 사람은 자신이 좋아하고 관심 있는 것만 눈에 띄고 찾게 됩니다. 의심이 가신다면 지금 주변을 둘러보며 빨간색을 가진 것만 찾아보시겠어요? 이번엔 다시 눈을 감고 하얀색이 있었던 곳을 떠올려 말해 보세요. 빨간색에만 집중하느라 눈앞에 있는 하얀색은 놓치셨죠? 이것이 우리가 세상을 바라보는 관점입니다.

덕후가 되어 더 시야를 좁게 만들어야 적중률도 높아집니다. 내가 아무리 잘하는 것이 많아도 타인은 그것을 다 찾아낼 시야를 갖고 있지 않기 때문이지요. 나와 동일한 삶을 지향하는 덕후들에게 명중시킬 나의 에센셜리즘은 무엇인가요?

[선택하는 것을 힘들어하는 사람들]

개인적으로 저는 심사숙고가 강한 편이라 많은 선택지를 주면 선택하는 것을 어려워합니다. '내가 선택장애가 있구나'라고 생각할 때쯤 한 실험을 알게 되었습니다. 스탠퍼드 대학교에서 연구한 실험이 있는데 사람들은 평균적으로 세 개 이상의 선택 사항이 주어지면 급격한 피로도를 느끼고 결국 선택을 하지 않을 수도 있다고 합니다. 어쩌면 선택하는 것을 힘들어하는 인간의 특성 때문에 한 분야의 전문성을 갖춘 사람들의 말을 절대적으로 신뢰하는 것이 아닐까? 하는 생각을 해 봅니다.

에르메스, 루이비통, 샤넬… 누구에게나 로망이 되는 명품 이름이죠. 그런데 명품은 어떻게 명품이 될 수 있었을까요? 명품은 자신의 모습이 아주 명확합니다. 선택지도 거의 제한적이지요. 적은 선택지를 갖는 동시에 그것을 갖고 싶어 하는 소비자는 많습니다. 가치는 공급에 비해 수요가 많아지는 순간 발생합니다. 브랜드에 가치를 입히는 길은 선택의 폭을 줄여 하나의 메시지에 집중하는 것입니다. 명확하고 뚜렷한 콘셉트에 다가갈수록 내 안에 숨겨진 본질적 가치가 묻어납니다. **다양한 내 강점들 중에 집중해야 할 원 메시지는 무엇인가요?** 유머, 신중함, 지혜, 성공 지향, 모험심, 성실… 내 안의 나를 가장 빛나게 만들어 줄 최고의 가치관은 무엇인가요?

[접점이 될 때까지!]

학창 시절을 잠시 되돌아보니 친구들이 저를 부르는 별명이 몇 개 있었습니다. 그중 기억에 남는 것이 '할머니'라는 별명입니다. 아침잠이 없어서 늘 새벽을 깨우는 제 모습을 보고는 친구들이 아침잠 없는 부지런한 할머니 같다며 지어 준 별명입니다. 지금 생각해 보면 어찌나 저에 대해 정확히 알고 있었는지 친구들에겐 제 모습을 숨기고 싶어도 숨길 수가 없었습니다. 내가 되고 싶은 모습은 온데간데없고, 친구들에겐 지금의 내 모습이 너무 적나라하게 보였던 것이죠. 어렸을 때 처세술이라도 잘 알았으면 친구들에게 멋지고 당당해 보이고 싶은 제 모습이 조금은 비쳤을까요? 성인이 된 지금은 내가 보는 내 모습과 다른 사람들이 바라보는 제 모습이 꽤나 일치되었다는 것을 느낍니다. 물론 제가 말씀드리는 것은 남에게 잘 보이기 위해 맞춰 가며 사는 삶과는 정반대의 삶을 이야기하는 것입니다.

이렇게 내가 보는 내 모습, 남이 바라보는 내 모습이 거의 일치될 수 있었던 것은 내 자신을 뾰족하게 다듬어 나갔기 때문입니다. 두루뭉술한 사람이 아닌 내가 되고 싶은 모습과 타인이 바라보는 모습을 일치시키려는 의도적 노력이지요. 그 의도적 노력이란 바로 응축하는 것입니다. 두 시야의 접점을 찾기 위해 응축하고 응축하고, 응축하다 보면 공통점과 차이점을 찾아낼 수 있고, 그 공통점에서 내가 살리고 싶은 강점에 최대한 포인트를 맞춰 자신의 강점을 강화시키다 보면 나의 브랜딩 이미지가 점점 뾰족해지고, 짙어지는 것을 알 수 있습니다.

한눈에 파악이 가능하도록 아래 브랜드 이미지를 응축하기 위한 시야 점검표를 추가해 두었으니 차근차근 적어 보면서 의도적 접점을 만들어 보세요.

나의 브랜딩 이미지 응축하기

1. 내가 생각하는 나의 이미지와 타인이 보는 나의 이미지를 듣고 적어보세요.

내가 생각하는 나의 모습과 특징	타인이 보는 나의 모습과 특징

2. 내가 생각한 나의 모습과 타인이 보는 나의 모습을 비교해 보세요.

공통점 (나와 타인의 시선 일치)	차이점 (나와 타인의 시선 불일치)

PHIL SPRING

[브랜딩 이미지 응축하기]

3가지 반응점

[라면만 보면 떠오르는 방송]

평소 TV 프로그램을 즐겨 보진 않지만 재미있는 예능은 유튜브로라도 일부러 찾아보려고 노력하는 편입니다. 건조하고 무기력한 일상이 되지 않으려면 3미가 필요하기 때문입니다. 다양한 의미의 3미가 있지만 제가 중요하게 생각하는 '3미'란 재미, 의미, 흥미를 말합니다. 인생이 너무 다큐처럼 진지하면 재미가 사라져 진지한 꼰대가 되어 버릴까 봐 재치나 센스 정도는 예능을 보며 감을 놓지 않으려고 노력하는 편입니다. (제가 다큐같이 진지한 궁서체 인생만 사는 것은 아닙니다.) 예능 PD계의 화석, 손대는 것마다 빅 히트 제조기가 된 PD계의 영웅, 나영석 PD가 얼마 전 유튜브 방송에서 만든 '라끼남' 채널을 봤습니다. 먹방의 대명사 강호동 씨가 라면을 자신만의 꿀조합 레시피로 만들어서 맛있게 먹는 콘셉트 방송입니다. 직접 라면을 끓여 한 그릇 다 먹으면 라끼남 미션이 클리어 되어 마무리됩니다. 한동안 라면만 보면 라끼남 레시피를 찾아보게 되는 신기한 현상이 나타났습니다. 강호동 씨가 끓이는 라면이 특별한 라면도 아닐 텐데 왜 강호동 씨처럼 라면을 끓여 먹으면 더 맛있을 것 같은 마법이라도 걸린 것처럼 라면만 보면 라끼남이 떠오르는 걸까요?

　저는 이것을 '반응점'이라고 부릅니다. 특정한 것만 보면 자동적으로 떠오르도록 각인된 상태라고 풀이할 수 있겠네요. 나에게 재미, 의미, 흥미를 전해 준 것에 대한 특별한 각인이 이뤄지면 같은 상황이 되었을 때 반응점에 의한 행동을 하게 됩니다. 앞 장에서 라이프 인플루언서로 발돋움할 수 있는 나만의 장점을 찾아보았다면 이제 다른 사람들도 내가 가진 장점을 좋다고 생각하는지 반응점을 찾아봐야 합니다. 그 반응점으로부터 사람들의 삶을 변화시킬 행동을 유발하는 작은 영향력이 펼쳐지기 때문입니다. 내가 아무리 혼자 좋다고 해도 결국 사람들의 시선과 반응을 이끌어 내지 못한다면 혼자만의 만족에서 그쳐야만 하는 슬픈 현실과 마주해야 할 수도 있습니다. 그렇다면 사람들로부터 주목을 끌 수 있는 반응점은 어디서 찾을 수 있을까요?

[반응점 찾기 1. 소소한 칭찬거리]

　'칭찬은 고래도 춤추게 한다'는 말이 있죠? 언제 들어도 기분 좋은 말! 어렸을 때는 공부를 잘하거나 심부름을 잘하면 칭찬을 받았지만 성인이 되면서 칭찬거리가 조금은 바뀌게 됩니다.

　제가 자라면서 자주 칭찬받았던 것을 떠올려 보니 저는 '글을 잘 쓴다', '실행력 최고다', '새벽 기상 대단하다', '추천해 주신 책마다 양서다', '지혜롭다', '나이보다 성숙하다', '인생의 롤 모델로 삼고 싶다' 등 다양한 칭찬을 받았습니다. 매주 업데이트하는 저희 연구소 블로그에는 독서 모임 후기, 다양한 창업관련 자료, 저희 연구소 교육 후기 등을 업로드하는데 글 쓴 것을 보신 고객분들은 소통하는 글 같다며 좋아해 주십니다. 소소한 칭찬거리들을 보며 때로는 저보다 저를 더 잘 알아주시고, 발견해 주시는 분들이 계셔서 더 감사한 마음으로 하루하루를 유의미하게 보내려고 노력하게 됩니다. 여러분은 어떤 칭찬을 받아 보셨어요? **칭찬은 상대방의 다양한 시각으로 내가 보지 못하는 부분을 찾아 주는 좋은 반응점**이랍니다.

[내가 받아 본 칭찬거리]

[반응점 찾기 2. "도움 좀 요청할 수 있을까요?"]

저는 독서와 글쓰기를 좋아하기도 하고 나름 잘하기도 합니다. 사회 초년생 때 유아 교사를 8년 정도 했는데 그때도 글 쓰는 것을 잘한다고 주임 선생님이나 원장님께서 항상 저에게 학부모 전달 메모장이나 편지, 주간 안내 글 등을 맡기셨습니다. 저에게는 글 쓰는 것이 매우 즐거운 일이지만 어떤 분들은 글쓰기가 고통스러운 일이라고 말씀하십니다. 제가 초등학교 때부터 대학교 때까지, 심지어는 유아 교사를 할 때도 상장을 받아 오면 거의 대부분 '글쓰기, 글짓기'에 관한 상장이었습니다. 대학교 때는 교양시간에 즉석에서 시 짓기를 했는데 반 전체에서 1등을 해서 교수님께서 아끼시는 시집도 받은 적이 있답니다. 소중한 추억들이 쌓여서 글쓰기에 대한 자신감을 갖게 되니 사회생활 하면서 글쓰기 요청이 있을 때마다 막힘없이 즐겁게 해 낼 수 있었습니다.

저에게 글쓰기는 즐거운 일이지만 모든 것을 잘하는 사람은 없듯이 저도 어려운 일은 있기 마련입니다. 저는 미적 감각이 거의 제로에 가깝습니다. 그나마 미혼 때는 없는 패션 감각을 짜내고 짜내어 액세서리라도 했었는데 지금은 아이들도 있고, 읽어야 할 책, 연구해야 할 자료들도 많고, 일도 많다 보니 있던 감각도 더 줄어든 느낌입니다. 패션 무지렁이인 저와 다르게 저에게 라이프 코칭을 받으신 코치님들 중 패션 감각이 돋보이시는 분들이 많으십니다. 계절이 바뀌어 옷을 고를 때마다 코치님들께 자문을 구해 봐야 하나? 할 정도의 감각적 센스가 뛰어나십니다.

패션 감각이 필요할 때는 몇 분의 코치님들께 자문을 구해 보기도 합니다. 또 한 분은 결혼 후 자금 관리를 잘 하기 위해서 15년 이상 가계부를 꾸준히 작성해 오셨는데 지금은 부동산 투자도 활발히 하고 계시고, 본인이 이루고자 하는 비전대로 부자의 인생을 살고 계십니다. 체계가 부족해 가계부를 쓰고 싶어도 잘 쓰지 못했었는데 코치님께서 자신만의 가계부 노하우를 아낌없이 나눠 주셔서 지금은 저도 그분의 체계를 닮아 가기 위해 노력하고 있습니다. 나는 그냥 당연하게 했던 일들 중 누군가로부터 도와 달라고 부탁을 받은 적이 있다면 그 분야는 내가 잘하는 타인의 반응점이 될 수 있습니다.

[어떤 도움을 요청받았었나요?]

[반응점 찾기 3. 나 스스로 나누고 싶은 것]

'백만장자 메신저'라는 책에 보면 사람들은 누구나 자신의 인생을 통해 누군가에게 나눔을 줄 수 있는 메신저가 될 수 있다고 나옵니다. 라이프 인플루언서 스피릿도 메신저와 일맥상통한다고 생각합니다. 브랜딩에 성공하기 위해서는 '영향력'이 필수입니다. 더 많은 영향력을 발휘할수록 나의 브랜딩 가치도 함께 올라가기 때문입니다. 연구소 교육 세미나 수료식 날 한 코치님께서 인생을 4가지 버전으로 나눠 발표해 주셨는데 인생은 '뺄셈, 덧셈, 곱셈, 나눗셈'의 인생이라는 모듈이었습니다. '내 삶에서 제거하고 싶은 것' '더하고 싶은 것' '곱셈의 인생을 사는 2차 함수 인생' 마지막으로 '내 인생에서 나누고 싶은 것'에 대한 답을 찾는 것입니다. 저는 더 큰 영향력으로 가는 입구에 '나눔 인생'이 있다고 생각합니다. 부에 관한 책에도 반드시 빠지지 않는 것이 '나눔'입니다. 4년 전 독서 인생을 나누고 싶어서 시작한 작은 독서 모임(송도나비)이 이제는 저자 특강할 때 50분에서 200분까지 함께 할 수 있게 되었습니다. 이 영향력의 핵심은 작은 나눔에서 시작되었다는 겁니다. 그리고 그 나눔은 어려운 상황에서도 포기하지 않고 꾸준히 이어 왔기에 지금의 영향력을 갖출 수 있게 된 것입니다. 나눔은 가장 강력한 힘을 지녔습니다. 나눔은 영향력을 증대시킵니다. 나눔은 내가 누구인지를 알리는 최고의 방법입니다. 나눔은 나와 타인의 행복을 창조하는 일입니다. 여러분 스스로 나누어 주고 싶은 것은 무엇인가요?

[나누어 주고 싶은 것

물이 99도에서 100도로 옮겨 갈 때 끓는 임계점이 반응하는 것처럼 나를 100도로 만들어 줄 반응점을 찾아보세요. 그 반응점은 오롯이 나에게로 모든 마음과 시선을 집중할 때 보인다는 사실은 일급비밀입니다.

나답게 사는 인생에는 꼭 있는 4가지

　브랜드에 생명을 불어넣으려면 자신만의 페르소나가 필요합니다. 배달의 민족은 무한도전의 B급 문화 페르소나를 만들어 히트를 쳤습니다. 얼마 전 열린 배민 떡볶이 마스터즈에는 2,312:1의 경쟁률을 뚫은 '떡볶이 미식가' 500여 명이 참석해 떡볶이 마스터 대장정을 즐겼다고 합니다. 제 딸도 배민이 만든 떡볶이송에 꽂혀 한동안 그것만 수십 번 재생해 들었던 기억이 납니다. 그 밖에도 배민은 '배민 신춘문예' '배민 시상식' 등 다양한 이벤트나 프로모션으로 사람들의 폭발적 반응을 이끌어 낼 수 있었습니다. 페르소나는 개인이나 기업 이미지를 인격체처럼 구축하여 그것을 통해 호감을 갖게 하는 방법입니다. 마치 사람들마다 제각각 개성이 있듯 페르소나를 통해 자신의 정체성을 확고하게 다져 나가는 것이죠. 브랜드에 페르소나를 입혀 호감을 이끌어 내려면 어떤 전략이 필요할까요?

[비전]

에버랜드에 가면 귀에 자꾸 맴도는 말이 나옵니다. "환상의 나라 에버랜드로!" 에버랜드에 들어가는 순간 정말 꿈의 나라로 들어가는 듯한 몽롱한 신비함이 호기심과 환상을 자극합니다. 날씨가 더울 때도, 추울 때도 에버랜드에는 한결같은 신비함이 그대로 유지되어 있습니다. 벌써 5년째 아이들과 매년 에버랜드에 가는데도 갈 때마다 설레는 것은 에버랜드의 페르소나가 잘 유지되고 있어서 일겁니다. 사람들은 늘 현실에 부딪히지만 희망과 비전을 품고 하루를 살아갑니다. 그런 사람들에게 호감을 이끌어 내기 위해서는 상상력을 자극해 줄 수 있어야 합니다. 현실을 이야기해 주는 것이 아닌 새로운 미래, 되고 싶은 모습처럼 지금 당장은 아니어도 언젠가 가질 수 있다는 희망 속 신기루처럼 비전을 제시해 줄 수 있어야 합니다. 사람들은 현실 이야기에 절망하지만, 비전을 그릴 수 있는 이야기에 꿈을 품습니다. 저는 비전을 제시해 주었을 뿐인데 그 비전을 실행하여 신기루였던 꿈을 오아시스로 만드는 주변 사람들을 많이 보았습니다. 라이프 인플루언서로서 가장 고무되었던 순간은 늘 사람들에게 비전을 제시하고 나아가게 할 때였습니다. 라이프 인플루언서에겐 현실이 아니라 신기루를 오아시스로 만들 수 있다는 비전이 있어야 합니다.

[순수함]

어떤 사람들은 순수함에 대해 오해합니다. 순수하면 세상 물정 아무것도 모르는 사람 아닌가? 하는 이야기를 하시는 분들도 계시지만 제가 생각하는 순수함이란 있는 그대로를 믿을 수 있는 힘을 가진 사람입니다. 내 미래가 잘될 거라는 굳건한 믿음을 가진 사람, 나에게 오늘도 행운이 찾아올 거라는 믿음을 실현시키는 사람, 누군가 해 주는 이야기가 내 인생에 도움이 된다고 판단되면 기꺼이 그것을 행하는 사람이 진정한 인생을 누릴 줄 아는 순수한 영혼의 소유자입니다.

[편안함]

함께 있으면 편안함을 주는 사람이 있고, 매사에 예민하게 반응해서 있는 내내 눈치를 보게 하는 사람이 있습니다. 저는 내 이야기가 아닌 남 이야기를 하는 사람, 너무 자기자랑을 과시하는 사람, 자주 토라지는 사람, 배려를 모르는 사람, 경청하지 않는 사람, 시기하는 사람이 되지 않기 위해 노력합니다. 따스한 햇살처럼, 봄비처럼, 포근한 솜구름처럼 함께 있기만 해도 더 오래 있고 싶은 사람, 아무 이야기를 하지 않아도 행복한 믿음이 절로 느껴지는 사람이 되기 위해 노력합니다. 처음 만나도 어제 만난 것처럼 편안함이 느껴지는 사람이 가장 매력적인 귀인 아닐까요?

[유머러스함]

매번 진지하기만 해도 부담스럽고, 그렇다고 너무 웃기기만 해도 뭔가 밸런스가 안 맞는 느낌을 줄 수 있습니다. 진지하다가도 웃음 포인트에서 상대방에게 웃음을 선사해 줄 수 있는 유머와 여유를 가진 사람이라면 항상 그 주위에 좋은 사람들로 붐빌 것입니다.

유머는 메마른 일상에 주는 작은 선물과 같습니다. 타인에게 웃음을 선물할 수 있는 사람이야말로 매력적인 페르소나를 가진 사람입니다. 무한도전이 무려 11년간 사랑을 받을 수 있었던 이유도 앞만 보고 달리느라 지친 사람들에게 여유와 행복을 선물해 주었기 때문이겠지요? 오늘은 저도 유머 연습 좀 해 봐야겠습니다.

사람에게는 다양한 역할에 따른 페르소나가 존재합니다. 중요한 것은 그 페르소나를 잘 살려 내느냐 하는 것입니다. 위에 적힌 4가지 페르소나는 누구나 갖출 수 있는 일상적 페르소나입니다. 내 삶을 통해 영향력을 행사하는 라이프 인플루언서로서 나만의 특별한 장점을 통해 페르소나를 만들어 나가 보세요. 더 많은 사람들을 끌어들일 수 있는 소중한 삶의 재능, 지금부터 함께 가꿔 보도록 해요.

2장

70억 세상 중에
내 이야기는 오직 한 가지

니들이 핑크펭귄을 알아?

[자존 찾기]

감수성 풍부한 신랑 덕분에 연애할 때부터 홍대와 인연이 깊었는데요. 홍대 앞에 가면 제 큰 눈이 더 커지는 기현상이 나타납니다. 왜냐고요? 지나가는 사람들의 의상과 헤어스타일을 관찰하느라 쉴 틈 없이 눈이 돌아가거든요. 어쩜 자신의 개성을 다양하고 멋스럽게 표현했는지 홍대 거리에 가면 모든 사람이 예술가가 됩니다. 사람뿐이던가요? 홍대 앞에는 건물도 자신의 외관을 뽐내느라 바쁩니다. 독특한 건물 내에 입점한 상점들 또한 자신들만의 유일무이를 만드는 데 여념이 없고요. 홍대 앞에 있는 모든 것은 린치핀(자신의 예술적 재능을 세상에 기부하는 사람, 대체 불가능한 존재)이 되는 것 같습니다. 그런 홍대 앞은 낮이든 밤이든 각자의 개성들이 모여 에너지와 열기를 뿜어냅니다. 홍대 거리만 가면 군계일학이란 말이 무색할 정도로 모든 것이 '자기다움'의 매력을 한껏 발휘하는 신기한 현상에 늘 놀랄 뿐입니다. 이런 무한한 에너지와 자존감은 나다움을 발견했을 때, 또 나다움의 개성을 유지해 나갈 때 퍼져 나가는 것 아닐까요?

[핑크펭귄 이야기]

펭귄들 무리 속에 고고하게 튀는 한 마리의 펭귄이 있습니다. 다른 펭귄들이 유빙에서 무리 지어 있을 때 자신의 모습을 당당히 드러내는 그 펭귄 한 마리의 이름은 핑크펭귄입니다. 핑크색 몸을 가진 펭귄이기에 불리는 이름입니다. 펭귄 무리 속에서 핑크펭귄을 마주하게 되면 어떤 생각이 들까요? 저는 당장이라도 핑크펭귄의 유일무이한 매력에 퐁당 빠질 것 같습니다. 핑크펭귄이 자신의 본모습만으로도 충분히 매력적이고, 다른 펭귄들과 차별화 될 것은 자명한 일입니다. 펭귄 세상에서 단 하나 뿐인 한정판 펭귄이 된다면 핑크 펭귄의 자존감은 끝 없이 높아질 것입니다.

핑크펭귄 이야기를 갑자기 꺼내는 것은 내 삶이 그저 평범하고 흔한 삶으로 비칠 것인가? 개성만점 톡톡 튀는 특별한 삶으로 비칠 것인가에 대해 말씀드리고 싶어서입니다. 핑크펭귄 같은 삶을 사는 사람은 평범한 일상을 보내는 사람들의 삶 속에서도 확연히 돋보이는 삶을 구현해 낼 수 있습니다. 삶에서 자신만의 개성이 묻어나게 하고, 자신의 삶을 패키징 해서 다른 사람에게 삶을 셀링 할 수 있는 용기와 지혜도 갖고 있습니다. 여전히 많은 사람들은 완전히 새롭고, 무엇보다 자신의 삶을 변화시켜 줄 수 있는 핑크펭귄의 삶을 사는 사람들의 도움을 필요로 합니다. 그때 핑크펭귄의 삶을 사는 사람들은 그들을 도울 수 있는 유일한 존재로 모습을 드러낼 수 있습니다. 평소 일상에 흩어져 있을 때는 핑크펭귄의 삶의 차이를 느끼지 못해 구별해 낼 수 없지만 위기가 다가오거나 삶이 뒤바뀔 때 무리가 뭉쳐지면 그 안에서 특별한 매력이 모습을 드러내게 됩니다. 핑크펭귄은 무리 속에 있을 때 더욱더 두드러집니다. 왜냐하면 핑크펭귄이 되어 가는 동안 수많은 일상의 위험으로부터 자신을 지켜 내기 위해 실력을 키웠기 때문입니다. 핑크펭귄의 삶을 살아가는 사람들은 매우 드물어서 그 삶이 특별한 것을 넘어 위대한 일상을 구현해 낼 수 있습니다. 여전히 핑크펭귄의 삶은 충분히 희소성이 있고, 특별합니다.

나는 희소한 사람인가요? 평범한 사람인가요? 만약 평범한 사람이라는 대답이 나온다면 나를 유일무이 특별한 핑크펭귄으로 만들어 줄 하나의 전략은 무엇일까요?

[격차, 초격차, 유니크]

세상의 모든 사람들의 삶 속에는 역경이라는 씨앗이 심겨 있다고 합니다. 그 역경의 씨앗이 잘 심기면 역경을 뚫고 비로소 대지 위로 나와 따스한 햇살과 마주하게 됩니다. 사람마다 사는 것에 대한 무게가 있기 마련입니다. 반면, 달과 우주에는 무중력 공간이 존재합니다. 무중력 공간에 가면 두 다리가 땅에 붙어 있을 수 없어서 공중에 둥둥 떠다녀야 합니다. 우리가 살아가는 지구는 중력의 힘을 받습니다. 만약 우리 삶에 중력이 존재하지 않았다면 두 발을 땅에 대고 걸을 수 있는 축복은 누리지 못했을 겁니다. 두 발로 땅을 걸을 수 있어서 가고 싶은 곳을 갈 수 있었고, 땅에서 나오는 수많은 식물들을 느끼고 먹을 수 있었습니다. 인생도 마찬가지입니다. 중력이 있다면 중력의 무게를 딛고 이겨 낸 사람들은 그것으로 인해 얻을 수 있는 혜택들을 마음껏 누릴 수 있는 것들이 많습니다.

인생의 중력이란 쉬운 예로 매슬로의 욕구 5단계 피라미드를 볼 수 있습니다. 매슬로의 욕구 피라미드 가장 상위에는 '자아실현의 욕구'가 포지셔닝 되어 있습니다. 자아실현 욕구가 가장 상위에 있는 이유는 그만큼 인생의 중력을 이겨 내고 얻을 수 있는 가장 큰 가치이기 때문이 아닐까요? 주변의 환경이나 나의 현재 처지를 바라보면 중력의 무게에 눌려 결국 아무것도 시도할 수 없는 무중력의 삶이 됩니다. 그러나 나의 욕구에 초점을 맞춰 한 단계 한 단계 이뤄 나간다면 그 시간이 쌓여 격차를 만들고, 격차가 벌어질수록 초격차가 되고, 초격차를 이루면 유니크함이 됩니다. 똑같이 흘러가는 시간 속에 어떤 선택을 하느냐가 우리 인생의 결말을 다르게 만들어 낸다면 여러분은 어떤 선택을 하고 싶으신가요? 조금은 버겁고, 두렵더라도 중력과 마주해 보는 순간, 우리에게 주어진 축복이 눈덩이처럼 불어나 나에게 다가올 것입니다. 지금 이 순간 저 역시 귀차니즘의 중력을 이겨 내고 여러분과 책으로 만날 행복한 순간을 떠올리며 중력의 무게를 떨쳐 버립니다. 중력에 짓눌리지 말고, 중력조차 무시하지 못할 소중한 내 삶을 위해 강력한 한 방 같이 만들어 볼까요?

[나만의 특별한 유니크함 만들기]

1. **[성공일기]**

   오늘부터 나의 하루 중 잘한 일 5가지를 100일간 적는다.

   (매일 적기 힘들다면 주 3-4회도 좋다.)

2. **내가 닮고 싶은 사람 5명을 찾아본다.**

   (닮고 싶은 부분을 따로 뽑아 적어 본 후 그대로 따라 한다.)

3. **[미래일기]**

   내가 살고 싶은 미래를 아주 자세하게 적는다.

   (한 장에 적어 잘 보이는 곳에 붙여 두고 매일 본다.)

4. 이뤄지면 1-3번을 또다시 반복한다.

내 삶의 방식을 설정하는 초록 버튼

[인생의 뻥 뚫린 고속도로로 진입하는 법]

어릴 적 소풍 가기 전날을 떠올려 보니 '왜 그토록 설레는 마음 가득하면서도 마음 한편에 걱정스러운 마음도 공존했을까?' 하는 질문이 문득 떠올랐어요. 무엇이 제 잠재의식에 걱정을 몰려들게 했을까요? 깊게 파고들어 가다 보니 결론은 '혹시나 비가 올까?' 하는 초조한 마음이었습니다. 비가 오면 왠지 소풍 가는 기분도 망치게 되고, 학교에서 소풍 일정을 취소해 버리면 어쩌지 하는 마음에 소풍 전 날은 새벽이 되어서야 겨우 잠이 들곤 했습니다. 꿈같은 설렘을 없애고 싶지 않은 마음에 잠이 들며 두 손 모아 내일 날씨가 맑게 해 달라고 기도했었던 소중한 추억이 떠오릅니다.

똑같은 인생을 살아가면서도 우린 항상 두 가지 생각을 다스리며 살아갑니다. 긍정과 부정이죠. 우리의 앞날은 누구도 알 수 없기 때문에 때로는 운이 작용하기를 바라고, 계획대로 되지 않을 때는 그만한 이유를 찾아 합리화한 후 불평을 쏟아 내기도 합니다. 그런데 제 주위에 보면 "저분은 왜 이렇게 좋은 일이 많이 생기지?" "비결이 뭘까?" 궁금증이 들 정도로 볼 때마다 항상 승 승장구하는 인생을 살아가는 것만 같아 보이는 분이 계십니다. 어느 순간부터 제 주위에 그런 분이 정말 많아지기 시작했습니다. 오즈의 마법사처럼 아무도 모르는 신비한 미래를 밝고, 경쾌하고, 즐겁게 즐기며 살아가는 사람들과 인연이 닿으니 덩달아 제 삶도 좋은 에너지로 가득 채워지고 있습니다.

성공하는 인생을 살아가기 위해서는 3가지가 바뀌어야 합니다. 첫째, 내가 살아가는 환경, 둘째, 내가 쓰는 시간의 질, 셋째, 내가 만나는 사람. 언제부턴가 저는 이 세 가지를 스스로 바꾸려는 마음을 갖고 저만의 인생을 만들어 가고 있습니다. 마찬가지로 제 주위도 그런 삶을 바라고 원하고 창조하시는 분들로 채워지고 있습니다. 만나는 분들 모두 인생을 대하는 마음가짐이 달라지니 저에게까지 행복 에너지가 전해지는 것은 물론입니다.

우리는 인생을 소풍 전날의 설레는 마음을 갖고 살아갈 것인가? 불안하고 초조한 마음으로 살아갈 것인가? 선택할 수 있습니다. 불안을 안고 살아가는 분이라면 그 불안은 자연스럽게 받아들이되, 설레는 마음이 더 많이 떠오르고 느껴질 때까지 의도적인 노력을 했으면 합니다. 저는 이런 인생을 '초록불 인생'이라고 이름 붙였습니다. 빨간불 인생은 막힌 인생입니다. 앞이 꽉 막혀 아무리 좋은 생각을 하고, 선한 행동을 해도 앞길이 막혀 있기 때문에 인생과 사투를 벌여야 합니다. 무엇이든 부정적 판단이 앞서는 사람들의 인생이죠. 자신만의 세계에 꽉 막혀 앞으로 나아가기는커녕 남의 인생까지 자신의 빨간불로 막아 버리기도 합니다. 노란불 인생은 자꾸 브레이크가 걸립니다. '내가 정말 할 수 있을까?' '무슨 일이 일어나면 어떡하지?' 하는 불안과 초조가 인생을 지배해서 엑셀을 밟고 전진하는 것이 잘못된 선택을 하는 것 같은 생각에 압도당하게 됩니다. 노란불 인생을 사는 분들은 적극적인 삶을 살려고 할 때마다 모든 것이 불가능해 보이는 불안함이 엄습해 결국 머뭇거리는 인생에 머무르게 됩니다. 반면, 초록불 인생은 탄탄대로입니다. 그 길이 자갈밭, 가시밭길, 터널이어도 상관없습니다. 초록불 인생을 사는 사람들은 '안 되는 이유' 대신 '어떻게 하면 저 길을 신나게 지나갈 수 있지?'에 초점을 두고 살아갑니다. 마음속에 즐거운 호기심이 가득하기 때문에 항상 웃는 얼굴, 샘솟는 에너지는 기본입니다. 긍정 에너지가 넘쳐흘러서 좋은 사람들을 자석처럼 잡아당깁니다. 좋은 사람들의 강점을 지렛대처럼 활용하고 함께 도울 수 있는 방법을 모색해 시너지를 창출하기 때문에 선택적 효율성도 높고, 시너지도 엄청납니다. 초록불 인생은 그야말로 차 없는 캘리포니아 해변을 쌩쌩 달리는 인생처럼 보입니다.

만약 여러분이 누군가의 삶을 보고 배우고 싶고, 그대로 살고 싶고, 내 인생 롤 모델로 삼아야 한다면 빨간불 인생, 노란불 인생, 초록불 인생 중 어떤 인생을 본받고 싶으신가요?

당연히 초록불 인생을 선택하고 싶으시겠죠? 라이프 인플루언서는 삶의 본보기, 삶의 영향력이 기본입니다. 누군가 나의 라이프스타일을 보고, 느끼고, 배워야 하기에 단 하루도 노란불 인생, 빨간불 인생으로 사는 삶을 허용하지 않습니다. 라이프 인플루언서가 되려면 초록불 인생으로 사는 법을 배워야 합니다. 초록불 인생이 되는 가장 기초적인 3가지 방법을 알려 드립니다.

[초록불 인생을 만드는 세 가지 방법]

1. 자본주의 독서 실천

책을 안 읽고 운으로 일시적 성공한 사람도 있지만 책을 읽은 사람 중 성공하지 못했다는 사람들은 아직까지 보지 못했습니다. 여기서 이야기하는 성공이란 일시적 성공이 아닌 장기적 관점의 성공입니다. 독서의 중요성이야말로 두말하면 잔소리라 할 정도로 성공한 사람들의 기본 공식이 되었습니다. 저에게도 독서는 제 인생의 방향키를 가진 인생 로드맵입니다. 저는 6년 전부터 현재까지 약 2,500권이 조금 넘는 독서를 독파했습니다. 독서 후 가장 변화된 한 가지를 꼽아 보자면 단연코 '내 인생을 스스로 선택해 나가는 힘'이라고 할 수 있습니다. 독서를 하기 전 길을 잃은 아기 오리처럼 불안정하고, 늘 초조했던 인생이었다면 지금은 인생의 방향성을 다른 사람들에게 안내해 주는 컨설팅까지 하고 있습니다. 무엇보다 내 인생의 주인공으로 살 수 있는 힘을 갖게 되었습니다.

수많은 독서법이 존재하지만 개인적으로 자본주의 독서를 좋아합니다. 자본주의 독서란, 지식을 돈으로 바꿀 수 있는 독서를 말합니다. **돈이 되는 지식을 만드는 길은 단 하나입니다. 읽는 것에서 그치지 않고, 실행까지 연결시키는 것입니다.** 이 책을 읽고, 단 한 가지라도 내 삶에서 실천하신다면 여러분은 지금 자본주의 독서를 하고 계신 겁니다. 나의 실행이 하나둘씩 쌓이다 보면 어느 순간 독서를 통한 버는 능력이 높아지기 때문입니다. 가장 좋은 투자는 자기 자신에게 투자하는 것이라는 투자의 귀재 워런 버핏의 조언은 찐이었습니다. 여러분 인생에서 수많은 선택들 중 초록불 인생으로 가는 선택을 하도록 만들어 주는 최고의 도구는 여전히 책이고 앞으로도 계속 그럴 것입니다.

2. 자기 자신의 마음 챙김

마음 챙김과 거리가 굉장히 멀 것 같은 창업가의 천국 스탠퍼드 대학교에서 중시하는 것 중 하나가 '마음 챙김'을 배우는 수업입니다. 다른 사람에게 영향력을 퍼뜨리기 위해서는 우선 자기관리를 잘 할 수 있어야 하는데 몸과 마음 모두 다 스스로 다스릴 수 있어야 합니다. 사람을 평가할 때 외모가 우선이냐, 내면이 우선이냐는 닭이 먼저냐, 달걀이 먼저냐를 선택하는 것만큼 어려운 일이지만 확실한 것은 내면이 바뀌지 않으면 외면에서도 내면을 챙기지 못한 어두움이 그대로 나타난다는 사실입니다. 반면, 내면을 잘 가꿀 줄 아는 사람도 외면에 그대로 드러납니다. 발걸음의 가벼움 정도도 다르고, 표정과 말투도 다릅니다. 결국 진짜 뿌리인 내면을 가꾸어야지만 보이는 것에 대한 이미지도 달라질 수 있는 것입니다. 함께하는 사람까지 행복해지는 외면을 바꿔주는 마음 챙김은 어떻게 하는 걸까요? 다양한 방법이 있지만 누구나 보편적으로 할 수 있는 방법 중 하나가 '확언'입니다. 확언이란 마치 그런 사람이 된 듯이, 마치 그런 삶을 살고 있듯이 나 스스로 그런 삶과 생각을 갖도록 유도하는 방법입니다. 제가 생각하는 최고의 확언은 "나는 나를 사랑한다"입니다. 제가 자주 하는 확언이 여럿 있지만 몇 가지를 소개해 드린다면 "나는 운이 좋아. 무엇이든 잘될 거야." "나는 이미 성공하고 있습니다. 감사합니다"입니다. 이 말들을 아침에 일어나 몇 번이고 눈 감고 되뇌다 보면 실제로 무수히 많은 행운들이 제 하루를 거쳐 간답니다. 행운의 하루들이 지속적으로 쌓여 간다면 이미 성공으로 향하고 있는 인생 맞는 거겠죠? 여러분의 내면을 아름답게 바꾸고, 자존감을 높이고, 마음까지 챙기는 라이프 인플루언서라면 더 많은 선한 영향력을 퍼뜨릴 수 있습니다.

나만의 긍정 확언

【 긍정문 】: 무의식의 생각회로를 바꿔 삶을 궤도와 방향을 선 순환한다.

번호	초록불 인생을 만드는 나만의 긍정 확언
1	나는 나를 사랑한다.
2	나는 운이 좋다.
3	
4	
5	
6	
7	
8	
9	
10	
11	
12	
13	
14	
15	
16	
17	
18	
19	
20	

**주의 사항: 부정어는 넣지 않습니다. 나는 '부정적'이지 않다.
　　　　　　　나는 어떤 '고난'도 이겨 낸다.

3. 가장 가치 있는 공짜들을 내 것으로 만들기

마지막 세 번째는 제가 정말 좋아하는 것입니다. 세상에는 가치 있는 공짜들이 많이 있습니다. 많은 사람들이 돈이 많이 있어야 부자가 된다고 생각하지만, 돈이 많이 있어도 제가 말씀드리는 가치 있는 공짜를 활용하지 못하는 사람은 결국 단편적인 부자가 되거나, 외로운 인생을 살게 될 확률이 높습니다. 세상에서 가장 가치 있는 공짜들은 무엇이 있을까요? 작은 것에서는 공기, 미소, 웃음, 행복해지는 말, 긍정문 등이 있고 더 가치 있는 것은 바로 '시간'과 '평판'을 말씀드리고 싶습니다. 누구에게나 공평하게 주어진 시간, 하지만 그 시간을 어떻게 활용하는지 여부는 모두가 다릅니다. 저만의 **시간 관리 모토는 "어떻게 하면 시간을 가장 비싸게 만들 수 있지?"**입니다. 시간을 비싸게 만드는 방법은 저마다 다릅니다. 저는 라이프 인플루언서로서 글을 쓰고 있는 지금 이 순간도 시간을 비싸게 만들어 가고 있는 중입니다. 또 하나는 신뢰와 직결되는 '평판'을 만드는 것입니다. 태도는 그림에 붓을 칠하듯 보이지 않지만 드러나게 되어 있습니다. 평판은 그 사람의 태도로부터 만들어지는 것이기 때문에 우리는 태도를 잘 다스리고 가꿀 수 있어야 합니다. 태도는 인위적으로 만드는 데 한계가 있기에 무의식적으로 흘러나올 때가 많습니다. 그래서 좋은 태도를 유지하려면 아무도 보지 않는 곳에서조차도 내 몸가짐, 마음가짐을 한결같이 유지하는 것이 중요합니다. 이것은 시간을 관리하는 태도 역시 마찬가지입니다. 보이지 않는 곳에서도 자신으로부터 신뢰를 쌓아 가다 보면 그 태도와 신용,

시간의 질을 높여 관리한 모든 것들은 공짜로 주어진 것이었지만, 어떻게 관리되느냐에 따라 어마어마한 가치를 만들어 낼 것입니다.

이 세 가지만 가꾸어도 우리의 인생은 초록불 인생으로 변화될 수 있습니다. 뻥 뚫린 고속도로 위를 달리듯 쾌적하고, 멋지게 인생 고속도로를 달리며 행복을 맛보는 라이프 인플루언서가 되어 보는 것은 어떠세요?

두 가지 인생

[뉴스를 보다가 드는 생각]

어느 날 저녁 뉴스를 보는데, 갑자기 긴급 속보라며 '술 먹고 음주운전으로 인해 사고, 온 가족 참변'이라는 헤드라인이 뜹니다. 조금 더 지켜보니 음주운전 당사자가 뺑소니까지 저질렀다는 내용을 듣게 됩니다. '행복했던 가족은 일순간 행복이 산산조각 나고 말았습니다.' 속보를 전하는 기자는 온갖 자극적이고 선동적인 단어를 붙여 가며 자극적 뉴스를 내보냅니다. 자, 이쯤에서 여러분이 이 뉴스를 시청했다면 어떤 생각이 자동적으로 떠오르시나요? 일 번, "커브 길에서 서행을 했어야 했는데, 사고가 난 가족은 시속 60km 이상으로 과속을 했고, 사고를 낸 차량은 소주 한 잔 이상의 음주 측정 상태가 나왔구나, 대략 1:9 정도의 손실이 있겠고, 사고 처리는 교통사고 전담 수사반이 맡을 것이며, 뺑소니 용의자는 징역 몇 년 형과 벌금 얼마를 받겠구나!"라는 생각이 떠오른다. 이 번, "너무 가엾어서 어떡해, 이 땅에서 누리지 못한 몫까지 하늘에서는 온 가족이 더없이 행복하기를… 뺑소니 사고를 낸 사람은 더 이상 이런 일이 없도록 즉각 중형에 처해서 본을 보여 줘야 해!"라는 분노와 안타까운 마음이 동시에

든다. 일 번과 이 번 중 어떤 생각이 가장 먼저 떠오르시나요?

[이성인가? 감정인가?]

질문 끝판왕 소크라테스는 오직 끊임없는 질문을 통해 그 사람의 논리를 깊게 파고 들어가 결국 자신의 무지를 인정하게 만드는 것을 즐기는 삶을 살았습니다. 예를 들어 플라톤의 대화편에 보면 자기 집 일꾼을 개천에 빠뜨리고 방치해 죽인 아버지가 법의 테두리 안에서 당연히 처벌을 받도록 신고하는 것이 진정한 자식의 도리인지, 아버지가 직접 자신의 손으로 일꾼을 죽인 것이 아니니(일꾼은 의자에 묶은 후 도랑에 방치해 두어서 도랑에서 숨을 거두었음) 아들로서 아버지를 보호하고 지켜 내는 것이 진정한 자녀의 도리인지에 대해서 논할 때도 질문을 던져 상대방의 논리를 간파하고 있습니다. 소크라테스의 질문 세례를 받다 보면 벌거벗은 임금님처럼 나의 논리가 어디서부터 시작되었고. 그것이 무지로부터 나왔음을 뼈저리게 느끼게 됩니다. 그래도 다행인 것은 소크라테스가 자신의 의견을 주입하는 것이 아니라 질문을 통해 자신의 생각을 역추적 할 수 있도록 돕는다는 것입니다. 그런 관점에서 본다면 소크라테스는 진정한 지(智)자가 맞는 것 같네요.

다시 관점을 바꿔 크리스마스 날이 되었습니다. 심지어 화이트 크리스마스 날이네요.

상점에는 알록달록 불빛이 가득하고, 정겨운 캐럴의 아름다운 멜로디가 귓가를 간지럽힙니다. 거리마다 사람들은 삼삼오오 가족들의 손을 잡고 서로의 행복한 미소를 나눕니다. 구세군을 알리는 종소리가 눈 오는 거리를 따뜻한 온기로 채웁니다. 도시 중심가에 있는 백화점 앞에 놓인 대형 트리는 보기만 해도 행복해집니다. 아이들은 트리 앞에서 두 손 모아 산타 할아버지에게 받고 싶은 선물을 달라고 기도하고 있습니다. 덕분에 제 마음까지 크리스마스 동심의 세계로 돌아간 듯 기쁩니다.

소크라테스 이야기는 질문을 통해 이성적 사고를 이끌어 내는 소크라테스 질문법에 관한 이야기 이고, 크리스마스 이야기는 온기 가득한 그림으로 메말랐던 감성을 되살려 주는 사랑스러운 '모지스 할머니'의 그림 속 크리스마스 이야기를 재구성해 본 것입니다.

[빨간 머리 앤이 던진 명언]

인간은 이성과 감성을 둘 다 가지고 있지만 보통의 삶에서 매번 이성의 끈을 잡고 살아간다는 것은 쉬운 일이 아닙니다. 실제로 삶에서 행복감을 더 많이 느끼는 사람은 이성적인 사람보다 평소 감동과 감탄과 감사를 더 많이 하는 사람입니다. 감사하는 사람은 모든 것이 그냥 이루어진 것이 없다는 것을 알고 있습니다. 존재 자체에 대해 모든 것을 인정하고 매 순간 살아 있음조차 기적이 될 수 있음을 감사히 여깁니다. 감동하는 사람은 길가에 피어 있는 작은 풀꽃을 보면서도 자신의 온 마음을 전합니다.

삶이란 모든 에너지의 합이 모여 나의 에너지, 환경을 만들어 가는 것이기에 작은 감동, 감사, 감탄만으로도 커다란 에너지의 파장을 만들어 낼 수 있습니다. 주변에 좋은 사람들로 꽉꽉 채워진 분들을 보면 그분 자체가 가지고 있는 긍정 에너지와 열정이 주변까지 퍼지는 것을 많이 봅니다. 라이프 인플루언서는 자신의 삶에서 영향력을 발휘해야 하는 사람으로서 삶 속에서 감동과 감사가 잦아야 합니다. 내 삶에서부터 감동과 감사가 다가올 때 다른 사람에게 나 같은 삶을 살아가는 것이 얼마나 행복한지 스스로 증명해 내는 셈이니까요. 지금 이 순간, 삶의 어떤 조각에서 감동이 느껴지시나요? 무엇에 감사하고 있나요? 순간 빨간 머리 앤이 한 말이 떠오릅니다. "행복한 나날이란 멋지고 놀라운 일이 일어나는 날들이 아니라 진주알들이 하나하나 한 줄로 꿰어지듯 소박하고 자잘한 기쁨들이 조용히 이뤄지는 날들인 것 같아요."

[철학하는 라이프 인플루언서는 둘 다 가질 수 있다]

이번 장을 읽으니 왠지 행복해지려면 이성의 끈이 아니라 감정의 끈을 잡아당겨야 할 것 같지요? 그런데 제가 위에서 이야기한 감동, 감탄, 감사도 저는 실력이라고 생각해요. 감사와 감동을 한다는 것은 깨달음의 영역이고, 감동이 되는 것에 대한 가치를 느껴야만 비로소 진정한 감사와 감동이 느껴지기 때문입니다. 말로만 하는 감사도 좋지만, 진정한 감동과 감탄, 감사는 마음속 깊은 곳에서부터 울림을 느낍니다. 보이는 것뿐만 아니라 보이지 않는 내면의 힘까지 모든 것을 아우르고 느낄 수 있을 때 진짜 감동과 감사의 실력이 나오는 것입니다. 그것이 제가 말하는 내공의 영역입니다. 이런 깊은 내공은 어떻게 해야 나올 수 있는 것일까요?

저는 그 근본에 '철학'이 있다고 생각합니다. 인간이 아닌 진짜 철학 함을 이야기하는 것입니다. 철학을 함이란 공원에서 산책을 하다가도 무언가 발견하면 그것에 대한 자신만의 깨달음이 올 때까지 어린아이와 같은 마음으로 본질을 바라보려 노력하는 것입니다. 어렸을 때 공원 잔디밭에서 돌멩이 몇 조각에, 다양한 모양의 풀 몇 가지와 풀꽃 한두 송이만 가지고도 재미를 창조해 내고, 상황극을 만들어 상상의 나래를 펼치던 그 순간의 행복함, 그 마음으로 철학을 하는 것입니다. 동심의 마음으로 돌아가 사색을 하고 철학을 하는 순간 진정한 감사와 감동이 깊은 울림처럼 다가오기 때문입니다. 저는 노자 철학이 좋아서 도덕경도 자주 읽고 특히 명심보감, 논어, 플라톤의 대화편은 수도 없이 많이 읽었습니다. 그러고 난 뒤에는 산책을 하거나 제가 좋아하는 빨간 머리앤 한 편을 봅니다. 철학을 읽고 다시 동심의 세계로 돌아가 상상하다 보면 '그 위대한 생각이 결국 사람의 본성으로부터 왔구나'라는 사실을 깨닫게 됩니다. 어른이 어린이처럼 생각하지 못하는 것은 '어른은 이런 사람'이라는 자신만의 프레임에 자신을 가두고 있어서가 아닐까요? 가끔은 아이처럼 생각하고 살아 보면 아이들이 바라보는 세상에 감동과 감사가 얼마나 많은지 느끼게 됩니다. 그리고 그 감동과 감사야말로 포장된 것이 아니라 진심으로부터 터져 나온 감동과 감사입니다. 진성으로 깊이 있는 감동과 감사를 삶에서 찾고 싶다면 철학 하는 이성과 아이들의 감성을 모두 가져야 합니다. 철학 하고 감동하는 라이프 인플루언서가 되어 보시면 인생에서 느끼는 행복의 질이 무한대로 커질 수 있다는 사실을 느끼실 수 있을 겁니다. 여러분의 인생에 작은 동심이 아지랑이처럼 피어오르길 두 손 모아 기대해 봅니다.

'짤랑짤랑' 내 인생
돈 소리 나게 만드는 스킬

[살아 숨 쉬는 내 인생을 만드는 두 가지 아웃풋]

"당신의 현재 상황은 당신의 진짜 가능성에 대해 아무것도 알려 주지 못한다." 수많은 사람들의 인생에 영감을 불어넣어 삶을 바꾸는 동기부여가 토니 로빈스가 한 말입니다. 현재 상황이 나에 대해 이야기해 줄 수 없다면 어떤 것들이 나의 가능성에 대해 말해 줄 수 있을까요? 나만의 취향이 담긴 집, 나와 함께 인연을 맺은 소중한 지인들, 내 스타일대로 가꾸며 쌓아 간 소중한 추억과 시간들. 이 모든 것이 나를 대변해 주기도 하지만, 무엇보다 라이프 인플루언서에게 가장 중요한 것은 직접 기록한 삶의 스토리들 아닐까요?

누구나 인생에서 시간으로부터 쌓인 경험이 존재하고 깨달음과 노하우가 있지만 그것을 기록해 두지 않으면 삶은 무거운 존재이기에 향기가 퍼지듯 영향력이 퍼지기 어렵습니다. 그래서 내 삶을 다양한 방법을 통해 적극적으로 기록해 두는 것이 중요합니다.

저는 기록하는 방법에는 두 가지 아웃풋이 필요하다고 생각합니다. 두 가지 아웃풋이란 '말과 글'입니다. 말과 글에는 힘이 존재합니다. 말에는 생각의 힘이 담겨 있어서 말하는 사람, 듣는 사람의 생각에 영향을 줍니다. 글에는 글을 작성한 사람의 온도가 담겨 있습니다. 부드러운 바람결같이 은은한 영감을 주는 글이 있고, 강렬한 태양같이 뜨거움을 끓어오르게 만드는 글이 있고, 몇 세대를 아우르며 진리를 바꾸고 삶의 결을 바꾸는 글도 있습니다. 여러분은 말과 글 중 어디에 더 영향을 많이 받는 편인가요? 중요한 것은 외면을 성장시키기 위해 좋은 음식을 먹고 운동으로 신체를 단련하듯 정신적 성장을 위해서도 두 가지 아웃풋, 말과 글이 꼭 필요하다는 것입니다. 배움이 있으면 필연적으로 따라가야 하는 아웃풋의 중요성은 이미 많은 책에도 소개가 되어 있습니다. 특히 '지식 피라미드'에 보면 듣기만 한 것은 다음 날 5%만 기억에 남지만 '서로 설명하기'의 방식은 90%를 남게 한다고 합니다. 강의에서 들은 것은 거의 기억이 나지 않지만 지인과 어제 본 드라마 내용을 재미있게 대화하다 보면 생생하게 기억에 남는 것처럼 말입니다. 유대인들은 서로 설명하기의 방식인 하브루타를 문화로 가꾸며 실천하고 있다고 합니다. 말과 글 중 무엇이 더 중요하냐고 묻는다면 저는 둘 다 중요하다고 이야기합니다. 말을 하면 내 생각을 점검하고 내가 알고 있는 것과 모르고 있는 것을 깨닫게 해 주는 메타인지를 통해 내 삶의 성찰이 가능합니다. 무엇보다 말하는 것은 기록하는 것보다 에너지가 덜 들어가기에 하루 중 아침과 잠들기 전 말로 나의 중심을 잡는 문장(긍정문)을 외치며 하루의 에너지를 만들어 낼 수 있습니다. 또한 좋은 문장들을 낭독하거나 읽었던 책을 스스로 요약해 보며 아웃풋 하는 시간을 가질 수도 있습니다.

그렇다면 글로 아웃풋 한다는 것은 어떤 이야기일까요? 제가 글로 쓰는 최고의 아웃풋은 2가지가 있습니다. 첫 번째는 나의 미래에 징검다리를 놓아 주는 생생 미래일기이고 두 번째는 이루고 싶은 목표들을 글로 적어 눈에 보이도록 만든 노트입니다. 말은 보이지 않아서 실체가 없지만 글은 누구나 볼 수 있어서 실체가 있습니다. 글로 적은 것은 입으로 내뱉은 것보다 더 큰 힘이 있습니다. 글로 적으면 생각이 명료화되고, 모든 스위치의 방향이 글에 적힌 대로 흐르게 됩니다. 저는 미래일기와 상상일기를 주로 쓰기도 하고, 현재는 자기 계발서에서 찾은 멋진 아웃풋의 기록 법을 묶어 만든 wish노트라는 것을 작성하고 있습니다. 글로 적은 목표는 내게 주어진 시간을 어떻게 활용할지 방향을 제시해 줍니다. 글로 적은 목표가 있는 사람과 없는 사람은 시간의 밀도가 다르게 흐른답니다.

세종은 평소에 신하들과 경연하는 것을 즐겨 자신의 생각을 말하는 것도 좋아했고, 신하들의 의견을 듣는 것도 좋아했다고 합니다. 또한 백성들과 자유롭게 소통하고 싶어 유네스코 문화유산인 한글도 창제했습니다. 세종이 남겨 준 역사적 가치를 오랜 시간 살아 있게 하기 위해 우리도 글로 적은 목표를 내 삶에 자꾸 끌어들이면 좋겠습니다. 말에는 나의 생각을 담고, 글에는 나의 미래를 담아 소중한 내 인생을 나만의 방식으로 멋지게 창조해 보는 것 어떠세요? 두 가지 아웃풋으로 여러분의 무한한 가능성은 두 갈래에 서게 됩니다. 표류하거나 솟구쳐 오르거나!

봄들애
WISH
CHALLENGE

Date:_____

 # 소원Wish노트
100일 안에 이뤄질 세 가지 소원

5kg을 감량한다. 5kg을 감량한다. 5kg을 감량한다.

두 번째 책 출간한다. 두 번째 책 출간한다.
두 번째 책 출간한다.

전자책 완성한다. 전자책 완성한다. 전자책 완성한다.

 # 성공 Success노트
오늘 잘 한일 셀프 칭찬

● 토요일 아침 송도나비 선배님들과 행복하게 성장했다.

● 책 쓰기 강의 1주차를 잘 준비하고 마무리 했다.

● 서하 두드러기에 즉시 대처했다.

● 서하와 저녁에 한 시간 동안 잘 놀아주며
● 짬짬이 운동에 성공했다.

● 저녁까지 컨디션 관리를 잘 해서 취침 전
한 시간 독서를 성공했다.

©ejchoi2030

 # 영향력 Influencer노트
오늘 나에게 영향력을 준 사람

라온북 조영석 소장님

● 책 쓰기 강의 내공이 느껴진다.
● 강의에 진심이 느껴진다.
● 사업 촉이 좋으시다.
● 미래 혜안이 밝으시다.
● 질문 해석력이 탁월 하시다.
● 비전을 품고 계신다.

[적용]
● 심사숙고 선택, 진심, 영성, 큰 비전.
● 시장을 보는 안목

 # 해빙 Having노트
오늘 나에게 주어진 행운과 내 감정

I have...
서하의 응급처방을 안내해 주시는 세림 코치님이 계신다.
주말을 의미 있게 보낼 수 있는 송도나비가 있다.
책 쓰기 동기부여 해 주시는 스승님이 계신다.
나에겐 충분히 성장할 돈과 시간과 마인드가 있다.

I feel...

기쁨, 에너지, 사랑, 소망, 비전, 목표의식,
기대감, 설레임, 성공, 만족감, 뿌듯함

(wish노트 예시)

[수요냐 공급이냐]

몇 달째 언론에서 부동산 과열로 인한 문제들을 다루고 있습니다. 같은 아파트인데도 어느 때는 과열이 되고, 어느 때는 미분양이 넘치는 현상은 왜 일어나는 것일까요? 시장의 가격을 형성하는 것은 수요와 공급에 따릅니다. 아파트 역시 수요와 공급이 어떻게 형성되느냐에 따라 가격의 편차가 생깁니다. 그 이유는 아파트는 투자재이기도 하지만 필수재이기도 하기 때문입니다. 당연히 아파트가 수요자를 충족시킬 수 있는 가치들을 많이 품고 있을수록, 더 나아가 공급을 줄일수록 아파트의 가격은 천정부지로 솟아오르게 됩니다. 수요가 몸값을 결정하게 되는 것입니다.

우리 삶도 누군가 닮고 싶고, 그렇게 살고 싶도록 만들어진다면 어떻게 될까요? 라이프 인플루언서의 몸값이 높아지게 되는 것은 당연한 일이겠죠? 아파트도 역세권, 교육 중심지에 가까울수록 가격이 높아지듯, **내 몸값을 높이려면 나 자신이 먼저 소비자가 아니라 공급자 마인드가 되어 있어야 합니다.** 공급자 마인드는 먼저 자신으로부터 타인이 받을 혜택이 무엇인지 알고 아낌없이 나눌 수 있는 정신을 말합니다. 우리는 시간의 공급자도 될 수 있고, 내가 가진 필살기의 공급자도 될 수 있습니다. 공급자 마인드가 풍부해질수록 창조의 영역에 가까운 삶을 살 수 있습니다. 예를 들어 매주 행운을 바라며 로또를 한 장씩 구매하는 사람은 수요자입니다. 매주 한 권의 책을 읽고 지식을 나눠 주는 사람은 공급자입니다. 쇼핑을 좋아해서 매주 한 번씩 온라인 쇼핑을 즐기는 사람은 수요자입니다. 사람들에게 불편한 점이 무엇인지 찾아내어 개선안을 만들고 사업주가 된 사람은 공급자입니다. 공급자는 자신이 스스로 필요를 증명해 냅니다. 자신의 강점, 필살기 등을 잘 활용해서 타인을 도울 수 있는 방법을 기어코 찾아내는 상위 3%의 삶을 삽니다. 나는 수요자의 삶을 더 많이 누리고 있나요? 공급자 마인드로 세상을 위해 기여할 마음을 갖고 실행하고 있나요? 지금이라도 수요자에서 공급자로 나의 포지셔닝을 옮겨 보는 것은 어떨까요?

공급자로 가는 다섯 가지 방법을 찾아보았습니다.

첫째, 나 자신을 스스로 인터뷰해 보기 (질문도 마음대로 만들어 보세요.)

둘째, 내가 80살이 되어 자서전을 쓴다면? (미래관점으로 나를 적어 보기)

셋째, 축복의 통로 되기 (만나는 사람 모두에게 축복의 말을 전달하는 사람 되기)

넷째, 실행하는 삶 살기 (작은 것이라도 매일 실행해서 매일 성장하는 삶을 증명하기)

다섯째, 에피소드가 풍부한 사람 되기 (아파트의 매력이 많을수록 투자자가 많이 생기듯, 나의 매력을 마음껏 뿜어낼 수 있는 다양한 에피소드 경험을 나눠 주거나 도움받을 것이 많은 사람이 되기)

공급자로 삶의 패턴을 바꾸면 시간부자, 꿈부자, 사랑부자, 마음부자, 사람부자가 됩니다. 자연스레 매년 내 인생은 셀프 업그레이드 버전으로 새롭게 탄생하게 됩니다. 진정한 부자는 돈이 많은 사람이 아니라 나 스스로를 사랑하고 자유를 얻은 사람입니다. 내 삶에서부터 충분한 공급자가 되어 시간적 자유, 마음의 평안, 경제적 자유를 누리는 핵심 노른자위 인생으로 업그레이드해 보는 것 어떠세요?

머니 라인, 나만의 시그니처 만들기

[공부의 4단계]

여러분 공부 좋아하세요? 엄근진한 질문은 아니고요. 여러분 스스로 공부에 대해 어떤 느낌을 갖고 있는지 점검해 보기에 좋아서 질문 드려 보았습니다. 공부의 진짜 목적은 무엇일까요?

저는 공부에도 진짜 공부와 가짜 공부가 있다고 생각합니다. 그 차이는 '인생을 잘 살아 낼 역량을 만들어 주느냐'에 있다고 봅니다.

제가 재미있게 읽었던 책 중에 크리스티안 그뤼닝이 쓴 '공부가 된다'라는 책이 있습니다.

이 책에 아주 재미있는 배움의 4단계가 나와 있는데 사람의 능력이 자라는 순서를 4단계로 나눠 놓았습니다. 첫 번째 단계는 무의식적 무능력 단계로 내가 무지하다는 사실조차 인식하지 못하는 단계를 이야기합니다. 어떤 책에서는 '생각당한다'라고 표현하기도 했습니다. 스스로 배우고 생각하지 못하면 결국 내 삶의 주도권은 스스로 생각하는 누군가에게 빼앗기게 됩니다.

두 번째 단계는 의식적 무능력 단계로 자신이 성장하고 발전해야 함을 인지하는 단계입니다. 보통 인생에서 역경을 겪게 되면 성장의 필요성을 절실히 깨닫는 마음이 생겨납니다. 세 번째는 의식적 능력 단계입니다. 3단계가 되면 의도적인 노력을 들여 성장을 하게 됩니다. 무언가를 처음 배울 때 많은 힘과 에너지가 들어가게 되는데 그때가 바로 의식적 능력이 필요한 시점입니다. 네 번째는 완숙의 단계인 '무의식적 능력'의 단계로 습관화되고 자동화되어 더 이상 의식적인 노력을 기울이지 않아도 되는 완성체의 단계입니다. 그뤼닝은 사람이 능력을 키워 갈 때 이 4단계를 거치는 동안 평탄면, 즉 계단을 오를 때 옆에서 보이는 면과 같은 그래프 모양대로 능력이 발전된다고 말합니다. 저도 인간의 능력을 키우는 것은 삶 속에서 아주 자연스러운 것이라고 생각하기 때문에 삶 속에서 이 4단계를 많이 경험하게 될수록 더 성숙된 라이프 인플루언서의 삶대로 살 수 있다는 데 동의합니다.

4단계인 무의식적 능력의 단계가 되면 습관이 하나 형성되는 것과 같은데 매일 지속되는 같은 패턴의 습관을 다른 말로 '루틴'이라고 합니다. 하루의 루틴과 패턴이 일정하게 강화된 사람은 자신의 내공을 지속해서 꾸준히 쌓아온 결과입니다. 저도 미라클모닝 새벽 4시 30분 기상, 매일 2시간 독서, 바인더 플랜과 실행, 글쓰기 등 저만의 루틴이 있습니다. 어떤 기업이든 자신만의 매력을 가장 잘 뽐낼 수 있는 것을 시그니처로 만들 듯 만약 내 인생을 탄탄하게 만드는 루틴이 있다면 여러분의 인생도 시그니처 인생으로 만들 수 있습니다. 그리고 그 시그니처 루틴은 나에게 자본력을 키워 주는 멋진 머니 라인 블루칩이 되어 남 다른 삶을 더 앞당겨 줄 것입니다.

[루틴… 누적의 힘]

아는 지인 중 매일 새벽 10,000보 걷기를 꾸준히 하며 자신의 블로그에 인증 사진과 짧은 기록을 올리는 분이 계십니다. 처음 하실 때는 '멋진 시도를 하시네'라고 생각했고, 일 년이 지났을 때는 '우와! 정말 대단하시다'라고 생각했습니다. 그런데 그 삶을 3년 이상 유지하시는 것을 보고 절로 '존경의 마음'이 생기기 시작했습니다. 지금은 그분을 따라 '아침 만 보 걷기' 유행이 생길 정도니 루틴의 힘, 즉 무의식적 능력의 단계까지 끌어올리는 것은 대단한 능력이라는 생각이 듭니다.

전 세계 성공자들의 성공법을 분석한 팀 페리스는 책 '타이탄의 도구들'에서 타이탄들은 모두 결점투성이라고 합니다. 사람은 누구나 강점과 단점 모두를 갖고 있습니다. 그런데 루틴의 힘을 만든 사람들의 공통점을 보면 좋아하거나 잘하는 행동 하나를 꾸준히 지속해서 더 잘하도록 만드는 사람들이었습니다. 그들은 약점을 보완하는 것이 아니라 강점을 더 강하게 만드는 것에 초점을 맞춘 사람들인 것입니다. 저도 어렸을 때부터 독서를 좋아했습니다. 처음에는 미숙한 독서력으로 힘겹게 책을 읽었지만, 한 달, 일 년, 5년이 지나는 동안 매일 꾸준히 독서를 한 덕분에 좋은 책을 고르는 능력, 책을 제대로 읽는 능력(내 생각이 아닌 저자의 의도를 명확히 파악하는 능력), 책을 내 것으로 만드는 능력(행동력)이

부차적으로 좋아지기 시작했습니다, 그리고 그것은 곧 제 실력이 되어 많은 사람들을 돕는 선한 스킬이 되었습니다.

지금은 이 모든 능력들이 저에게 돈으로 환산되어 제 몸값을 톡톡히 높여 주는 힘이 되고 있습니다.

[생산자 마인드가 되는 시그니처 만들기]

소피노자로 활동하면서 많은 분들께서 상담 요청을 주십니다. 상담을 요청하신 대부분의 분들에게 공통점이 있었는데 자신은 정말 평범해서 자랑하고 드러낼 만한 것이 없다고 생각한다는 점이었습니다. 제가 보기에는 더없이 매력이 많으신데 왜 자신의 눈으로 바라볼 때는 자랑할 것 없는 평범한 사람이 되어 버리는 걸까요? 저는 시선의 차이가 굉장히 중요하다고 생각합니다. 대게 제가 본 자신을 평범 이하라고 평가하시는 분들은 남이 원하는 정답을 찾아 헤매려는 모습, 세상에 자신을 드러내는 것에 대한 막연한 두려움을 갖고 계시는 분들이 많았습니다. 학창 시절 시험 볼 때는 정답을 꼭 찾아야만 했지만 우리 인생은 정답이 없는 문제를 풀어내야 할 때가 더 많습니다. 기준도 없습니다. "내가 평범하다고 느끼는 것도 결국 나 자신이 스스로 만들어 놓은 기준에 못 미친다고 생각하기 때문에 그렇게 느껴지는 건 아닐까요?"

정답을 찾는 것보다 중요한 것은 내 안을 들여다보는 것입니다. 내가 평범하다고 생각하는 그 생각이 결국 나를 더 평범한 사람으로 만들어 버린다면 더 이상 그런 생각에 갇혀 있을 이유가 없습니다. 우선 나의 하루 일과를 체크해 보세요. 일주일 정도 꾸준히 체크하다 보면 분명 그중 나만의 루틴이 한두 개는 있습니다. 왜냐하면 인간은 모두 습관의 동물이기 때문입니다. 하루 중 내가 생각해도 시간을 너무 불필요하게 낭비하고 있는 것이 있다면 그 것부터 제거해 보세요. 그리고 내가 갖고 있는 루틴을 어떻게 하면 더 강화시키고 꾸준히 연결시킬 수 있을까에 대해 고민해 보세요. 되도록 반복되는 루틴이 다른 사람에게도 좋은 습관이라면 인증 샷이나 짧은 일기를 SNS에 공유해 보시면 더 좋습니다. 사람들은 실패한 인생에는 잠깐 관심을 갖다가 잊어버리지만 성공하는 인생은 평생 영향력을 펼칠 만큼 꾸준히 관심을 갖습니다. 그리고 그 성공이란 단편적 의미가 아닌 꾸준함을 지속했을 때 생기는 영향력 있는 리더로서 살아가는 인생을 의미합니다. 여러분은 각자 인생의 루틴을 찾음으로써 그것을 자본화할 수 있고, 머니 라인의 주인공이자 인생의 생산자로서 인정받을 능력이 충분히 있습니다. 저를 믿고 오늘부터 일주일간 일상을 체크해 보는 것부터 출발해 보시기 바랍니다.

[나의 독서 루틴 인증]

2020년 8월 4일 화요일	
	굿모닝입니다 ^^
	오전 4:33
최광연	
굿모닝입니다!	
오전 4:33	
최정현	
굿모닝 입니다!	
오전 4:35	
강경하	
굿모닝입니다.^^	
오전 4:40	
곽현정	
굿모닝 입니다!	
오전 5:35	

📄 [2-2]라이프 마케터가 파는 것
📄 [4-2] 당신의 버는 능력을 이끌어 줄 최...
📄 [라이프 마케터의 비밀]목차 최종
📄 나를 잃어버리지 말고 나를 읽어버리자
📄 다재다능의 역설
📄 부자들은 왜 이것에 집중하는가[독서]
📄 브랜드=가치 공식은 틀렸다
📄 삶이 곧 브랜드다. 내 삶을 비즈니스로 ...
📄 소피노자 책 목차

[나의 모닝인사 루틴]　　　[꾸준한 글쓰기 목록]

나의 루틴 Check

[_____의 루틴 만들기]

아침 루틴:

1.)

2.)

3.)

오후 루틴:

1.)

2.)

3.)

저녁 루틴:

1.)

2.)

3.)

우주도 반하게 만드는 특별한 사랑 전달법

[하루를 요리하기에 가장 알맞은 시간]

만약 내일 아침 6분의 자유시간이 주어진다면 무엇을 실천할 수 있을까요?

미라클 모닝이라는 단어를 유행시킨 할 엘로드는 아침마다 단 6분을 이용해 6가지 자기계발(명상, 확언, 비전시각화, 감사, 독서, 운동)을 할 수 있다고 이야기합니다. 저도 5년 전부터 그중 몇 가지를 매일 아침마다 실행하고 있습니다. 아침은 하루의 에너지를 결정짓는 아주 중요한 시간입니다. 대부분의 타이탄(세상에서 가장 지혜롭고, 부유하고, 건강한 사람)들은 아침에 가장 중요한 일을 먼저 완료한다고 합니다. 아침을 소중하게 여기면 미라클이 일어난다는 사실을 알고 있기 때문 아닐까요? 아침은 모든 것이 시작되는 시간입니다. 태양이 떠오르고, 밤새 움츠렸던 봉오리가 피어나고, 긴 밤 동안 충전된 우리의 뇌가 새롭게 정비되어 깨어나는 시간입니다. 남다른 하루를 맞이하고 싶다면 매일 아침마다 내 안에 잠든 성공 세포를 깨워야 합니다. 에너지의 세포, 건강의 세포, 생각의 세포, 실행의 세포, 미래의 세포 등 모든 세포가 새로이 시작되는 아침 에너지의 기운을 받아 깨어날 수 있도록 기초공사를 탄탄히 해야 합니다. 여러분의 아침은 어떤 모습인가요?

대충 때워 먹는 인스턴트 같은 아침인가요? 싱싱한 재료를 건강하게 조리하도록 준비하는 셰프의 건강식 같은 아침인가요?

[굿모닝입니다. 오늘의 명언 세 가지를 전달해 드립니다]

제가 운영하고 있는 카카오톡 오픈 채널(봄소풍)에는 성공자 마인드를 갖고 싶은 분들이 함께하며 좋은 에너지를 공유하고 있습니다. 이 방은 저희 연구소에서 운영하고 있는 독서 모임 안내도 함께 해 드리고 있어서 독서 모임에 참석하시는 분들이 대다수로 계십니다. 매번 성장하시는 분들이셔서 비대면 공간인 온라인 상에서도 긍정 에너지의 선순환이 이루어 집니다. 처음엔 독서 모임을 안내하고, 성공을 위해 좋은 습관을 만들고 싶은 분들과 함께하려고 만든 방이었지만, 100명, 200명이 넘어가면서 이 방에 대한 본질적인 고민을 하기 시작했습니다. "이 방에서 함께하시는 분들께 내가 드릴 수 있는 이익은 무엇일까?"라는 질문을 던져 보았습니다. 그 질문에 대한 답을 제 삶과 연결시켜 찾아보았고, 마침내 두 가지 기준을 마련하게 되었습니다. 첫째, 매일 아침 꾸준히 공유할 수 있는 것, 둘째, 받는 분들에게도 도움이 될 수 있는 것을 기준으로 삼았습니다. 처음엔 성공자 습관인 새벽 기상을 공유하기로 했습니다. 저를 자기계발하는 삶으로 이끌어 주신 분께서 9년째 하고 계셨던 방식을 저도 시작하기로 했는데 그 방법은 매일 아침 눈을 뜨면 오픈 채팅방에 '굿모닝입니다'라는 아침 인사를 남기는 것입니다. 처음엔 혼자만 아침인 사를 남겼었는데 얼마 지나니 한 분, 두 분 함께 굿모닝 인사를 남기시는 분들이 생기기 시작하고, 아침에 일어나서 독서하고 싶 다는 이야기하시는 분들이 점점 많아지는 파생 효과를 만들게 되었습니다. 현재 저는 4시 30분에 기상합니다. 그리고 매일 다 섯 분 이상이 저와 함께 새벽을 깨워 주십니다. 새벽부터 울리는 알람 소리가 누군가에겐 단잠을 방해하는 소음이 될 수도 있겠 지만, 누군가에겐 성공 세포를 깨우기 위한 좋은 자극제가 되기 도 합니다. 그렇게 누군가의 소중한 아침을 조금 더 새롭게 만들 수 있다면 저는 그것이 성공 마인드 실천의 작은 시작이라고 봅 니다.

두 번째로 아침의 성공 마인드셋을 해 주는 '명언'이나 '좋은 글' 3개를 매일 올려 공유하기 시작했습니다. 어떤 분들은 매일 명언을 공유하는 것이 대단하시다고 이야기해 주시지만 훨씬 이 전부터 아침마다 명언을 명상했던 저로서는 조금 더 부지런해지 면 내 삶을 공유할 수 있는 방법이었기에 더 행복하게 삶을 나눌 수 있었습니다. 지금은 매일 아침 제 명언을 기다리시거나 명언 으로 깨달음을 얻는 분들께 감사 인사를 종종 받고 있습니다. 매 일 아침이 기다려지는 이유는 내가 하는 두 가지 행동으로 누군 가의 아침이 더 새롭고 흥미로운 하루를 맞이하게 된다는 기쁨 을 느낄 수 있기 때문입니다. 여러분의 아침은 어떻게 시작되고, 누구에게 영향력을 주고 계신가요?

[특별한 것이 아닌 내 라이프의 일부를 나눠 주기]

제가 새벽 4시 30분에 기상해서 매일 독서 2시간을 한다고 말씀드리면 저와 같이 아이를 키우는 어머니들로부터 대단하다는 찬사를 많이 받습니다. 물론 저도 습관화될 때까지 의도적인 노력이 많이 필요했습니다. 그 노력들이 쌓이고 쌓여 현재의 나, 미래의 나를 만들어 나갈 것이라는 기대감은 하루를 충실히 살아가게 만드는 자극제가 되어주었습니다. 새벽 기상이 1년, 2년 쌓이다 보니 이제는 아무리 늦게 취침하더라도 새벽 4시 30분에 어김없이 눈이 떠집니다. 어느 날 부터 무의식적으로 4시 30분에 맞춰 놓은 알람보다 눈이 일찍 떠 지는 것을 경험하다보니 새벽 기상이 제 삶의 일부가 되었다는 것을 느낍니다. 늦게 잠이 든 날은 새벽 기상이 조금 고될 때도 있지만, 어느새 제 몸은 새벽 기상을 기억하고 반응한다는 사실에 새삼 감사함이 느껴졌습니다. 현재까지 새벽 기상은 6년째 유지 중입니다. 이제 막 새벽 기상, 미라클 모닝에 도전하는 분들께는 새벽 기상 습관을 목표로 하시는 분들이 많다는 사실을 알게 되었습니다. 저는 이제 특별한 노력 없이도 새벽 기상이 가능하게 되었기 때문에 노력이 필요하신 분들께 제 노하우를 나누고 싶었습니다. 그렇게 시작된 작은 실행이 누군가에게 도움이 된다는 사실이 저를 기쁘고 흥분되게 만듭니다. 4년 전 시작한 아침 인사와 명언 올리기는 또 다시 제 삶의 좋은 습관으로 자리 잡았습니다.

조금만 내 삶을 자세히 들여다보고, 다른 사람들의 삶을 관찰하다 보면 타인에게 필요한 무언가가 반드시 있기 마련입니다. 나에겐 특별할 것 없는 일상이지만, 다른 사람은 특별한 노력을 기울여야만 하는 그 무언가! 그것을 찾아낸다면 내 삶을 통해 특별한 사랑을 전달하는 라이프 메신저로 살아갈 수 있습니다. 이보다 더 확실한 마케팅 방법이 있을까요? 과한 노력을 들이지 않고도 많은 영향력을 전파할 수 있는 것을 저는 재능의 영역이라고 부릅니다. 이 재능의 영역이 많을수록 라이프 인플루언서로서의 삶은 더욱 성공적일 것이고, 계속 지속하다 보면 영향력이 생겨 부의 창출까지 가능하게 됩니다. 나만의 방법으로 나누면서 나도 성공하고, 다른 사람의 성공도 돕는 특별한 사랑전달법은 무엇인가요?

[제가 잘하는 게 있을까요?]

저희 연구소에서 행동력 코치과정을 수료하신 한 코치님께서 처음에 저와 상담하실 때 "저는 잘하는 게 없는데 과연 잘하는 것을 찾을 수 있을까요?"라고 질문하셨던 기억이 떠오릅니다. 10주간 교육과정을 이수하시면서 어느 날 코치님께서 손수 만드신 도시락을 싸 오셨습니다. 제철 재료로만 골라서 음식을 만드셨다고 했는데 쌉싸름한 맛이 매력적인 머위쌈밥과 강된장, 쌈밥과 잘 어울리는 매콤달콤한 제육볶음과 밑반찬까지, 한 입 가득 베어 먹으니 그저 탄성만 나오더군요. 도시락을 먹으며 이야기를 들어 보니 매일매일 자신의 손으로 제철 요리 집밥을 가족들에게 해 주신다고 하셨습니다. 초등학생 큰딸과 어린 쌍둥이 형제까지 셋의 육아까지 도맡아 하고 계시다는 것을 알고 있었기에 집밥을 해 먹이는 게 얼마나 큰 노력과 정성인지 단번에 알 수 있었습니다. 특히 원재료에 굉장히 신경을 많이 쓰셔서 정말 좋은 제철 요리를 멀리서라도 공수해 오시고, 양념은 조미료 하나 없이 직접 원재료를 이용한 천연의 맛을 살린 요리를 하신다는 말씀을 듣고 '집밥 장인이 아닐까?' 하는 생각까지 들었습니다. 저에게는 그야말로 서프라이즈였습니다. 사업으로 바빠서 매일 사 먹는 음식만 주로 먹어 온 저에게는 코치님의 집밥 도시락이 보약과 같이 느껴졌답니다. 코치님의 정성스런 손맛을 맛본 후 이 맛을 더 많은 분들이 맛보시고 건강까지 찾으셨으면 좋겠다고 말씀드렸습니다. 코치님께서 그 말씀을 들으시고는 "다른 사람들 다 해 먹이는 밥인데 뭐 특별할 것이 있나요?"라고 답하셔서 저는 제 이야기를 들려 드렸습니다. 코치님께서는 천연 제철 집밥 요리를 만드는 것이 별다를 것 없는 일상이지만, 저처럼 집밥 먹고 싶어도 시간도 없고, 요리 실력도 부족해서 밥을 사 먹는 사람들에겐 '건강을 지키는 일품요리'가 될 것이라고 말씀 드렸습니다. 그 후로 교육과정 수료 후에 '백만장자 쉐프'라는 브랜딩 네이밍을 갖고 제철 원재료 고르는 방법부터 집밥 요리하는 유튜브도 촬영하시고, 종종 집밥 판매를 하시면서 자신만의 브랜드를 구축해 나갔습니다. 현재는 요식 사업을 시작하셔서 매일 정성을 담은 도시락과 반찬들을 만드시며 바쁜 하루하루를 보내고 계십니다. 내 일상의 강점을 찾아 라이프 인플루언서로서의 삶을 만들어 나가시는 코치님을 뵐 때면 제가 다 설레고 흐뭇하기까지 합니다. 누구나 일상에 나만의 소소한 특별함이 존재합니다. 나에겐 너무나 당연해서 남에게도 당연할 것이라고 여겼던 일상 속 소소한 특별함을 찾아보세요.

그 특별함을 찾는 방법을 잘 모르시겠다고요?
그렇다면 다음 장을 얼른 넘겨보세요

나만 몰랐던 인생
초고수가 되는 크런치 포인팅

[인생의 질을 결정하는 핵심]

얼마 전 저녁 퇴근길에 너무 배가 고파서 집 근처 음식집을 검색하다가 '나만 알고 싶은 맛집'이라는 블로그 문구를 보고 "이곳이야!" 하고 바로 음식점을 향했습니다. 대학가 근처 조그마한 중식집이었는데 가자마자 중국집에서 매번 하는 고민에 빠졌습니다. '탕수육+짬뽕, 짜장+짬뽕' 중 무엇을 선택해야 할지 고민에 빠진 것입니다. 결국 탕수육과 짬뽕 한 그릇을 시켜 먹었는데 먹자마자 탁월한 선택이라는 느낌을 받았습니다. 탕수육 위에 파채를 올려주었는데(일명 파탕수육) 그 맛이 가히 일품이었습니다. 배를 든든히 채우고 집에 돌아와서는 오늘 일정을 바인더에 체크하고 잘까, 내일 아침 일찍 일어나 할까를 고민합니다. 결국 제가치관이 성실인 덕분에 씻고 바인더까지 다 쓴 후에야 침대로 향하게 되었죠. 그런데 그 때 남편이 침대 방향을 바꾸고 난 후숙면을 취하지 못하겠다고 하소연을 하기 시작했습니다. 결국 며칠간 침대 방향을 여러 방향으로 바꿔본 후에야 편안하게 잠이잘 오는 방향을 찾게 되었습니다. 이렇게 모든 인생은 '선택'에 의해 미래의 방향성과 결과도 달라집니다. 학생일 때는 나이에 맞는 커리큘럼이 정해져 있었고, 우리가 하는 선택에 부모님이나 선생님의 의견이 많이 반영되어 스스로 선택하기보다는 의존적 선택을 할 때가 많습니다. 하지만 성인이 된 이후의 인생은 아무도 정답을 알려 주는 사람이 없습니다. 오직 스스로의 힘으로 내 인생의 커리큘럼을 완성해 나가야 합니다. **인생에서 성공하는 것이야말로 정답이 없습니다. 오직 다양한 선택 사항이 존재하고 있을 뿐**입니다. 가장 어리석은 행동은 정답이 없는 문제에서 정답을 찾으려 헤매는 것입니다. 정답이 아닌 나만의 해답을 찾아나갈 때 내가 원하는 인생에 더 가깝게 선택할 수 있는 지혜를 얻을 수 있습니다. 제 인생의 방향을 더 좋은 에너지가 흐르는 쪽으로 이끌어 준 몇 가지는 꼭 알려 드리고 싶습니다. 제가 이야기하는 것이 모든 사람에게 정답은 아니겠지만 거의 대부분의 삶에서 중요한 역할을 하게 될 것입니다.

[인생의 방향키를 바꾸는 트리거]

여러분의 현재 모습은 과거에 선택해 온 합이 누적되어 생긴 결과입니다. 눈에 보이지 않지만 무의식적 선택들의 결과가 오늘날의 나를 만들어 온 셈이죠. 6년 전 제 모습을 바라보았을 땐 화가 나고, 무기력하고, 답답했습니다. 스스로 인생의 방향키를 잡고 운전했던 삶이 아니라 남이 하라는 대로, 시키는 대로 살아내는 게 더 익숙했던 과거의 저는 스스로 생각하지도 않으면서 생각당하는 내가 억울하다며 혼자서 불평만 하고 있었습니다. 결국 그 불평은 본인 스스로의 부족함에 대한 불만의 표시 그 이상도 이하도 아니었습니다. 한없이 초라했던 과거의 모습을 그대로 미래까지 이어지게 만들기 싫어서 2014년부터는 부지런히 '나'라는 사람의 인생을 리모델링하기 시작했습니다. 내 삶 구석구석 필요하다면 거액도 써 가며 인생의 주인공으로 살아가려면 가장 필요한 것이 나에 대한 사랑이란 것을 깨닫고 '나'의 온전함을 찾아가는 여행을 현재까지 이어 오고 있습니다. 삶 속에서 제 모습이 바뀌니 어떻게 바뀌게 되었는지 궁금해하시는 분들이 한, 두 분 생기셨고, 그것을 6년간 꾸준히 지속하다 보니 제 인생을 존경한다며 대가 없는 사랑까지 부어 주시는 분들이 생기셨습니다. 그분들께 보답하는 의미로라도 제 삶에서 저를 많이 변화시킨 트리거(포인트) 몇 가지를 안내해 드리고 싶습니다. 현재 모습에 조금이라도 불만족이 생기신다면 제가 알려 드리는 방법을 사용해 보시길 권해 드립니다. 이 방법은 초두 효과(첫인상)뿐만 아니라 라이프 인플루언서로서 신용까지 보여 줄 수 있는 최고의 방법입니다.

제가 추천 드리는 방법은 '디테일의 정석'이 되는 것입니다.

디테일이 쌓여 나의 기본기가 되면 그것보다 강력한 무기는 없습니다. 제가 말하는 디테일 영역은 남이 생각지도 못했던 부분을 다루는 영역입니다. 상대방의 예상을 뛰어넘는 행위의 모든 것이죠. 일본에서는 '진심으로 손님을 접대한다는 뜻'을 나타내는 단어 '오모테나시'가 있을 정도로 상대방을 위하는 자세가 많이 베어 있습니다. 저도 디테일의 여왕이 되고 싶습니다. 제가 라이프 인플루언서로서 삶에서 행하는 디테일한 예시 몇 가지를 공유합니다. 저와 인연이 되신 분들의 성함은 되도록 기억하려고 애쓰는 편입니다. 첫 만남 이후 이름만 불러 드려도, 굉장히 친근함을 느끼고, 감동하는 경우가 많습니다. 만약 어떤 분과 미팅을 할 경우엔 그분과 나누었던 이야기를 기록해 기억하고 있다가 실행 여부나 결과를 여쭤 보면 기억해 주셔서 감사하다고 인사하며 감동을 많이 하십니다. 그뿐만 아니라 문자나 카카오톡 문의에는 내가 아무리 바쁘더라도 빠른 답변을 기본 베이스로 정하고 있고, 답변 하나에도 제 마음을 가득 표현할 수 있는 정성스러운 문구를 첨부해 형식적 문자가 아닌 마음이 담긴 문장을 전합니다. 특히 저는 웃음 표시와 이모티콘에 많은 신경을 쓰는 편입니다. 대화에서도 오해가 생기는데, 문자에서는 더더욱 오해가 생길 요지가 커지므로, 무형식 답변을 거의 하지 않습니다. 최대한 '행복한 마음과 진심으로 당신을 생각하고 있어요'라는 무언의 메시지를 듬뿍 담아 답변을 합니다. 이제는 웃음 표시나 이모티콘을 보내지 않으면 제 스스로가 뭔가 허전한 느낌이 들 정도입니다.

제가 아시는 지인 한 분은 저희 연구소에서 강의를 들으시면 그날 저녁 반드시 장문의 감사 문자를 주십니다. 처음엔 문자를 받고 감사한 마음이었지만, 그것이 지속되고 누적되니, 그분이 최고의 자리로 오를 수밖에 없는 이유가 바로 그 사후 문자 보내기 내공의 힘이라는 것을 깨닫게 되었습니다. 그 밖에도 저희 연구소에 한 분만 미팅을 오시든, 50명이 저자 특강을 들으러 오시든 상관없이 저는 한결같이 손님을 맞이하기 한 시간 전에는 환기와 대청소를 합니다. 아무리 전날 청소를 하고 가더라도, 하루가 지나면 공기가 달라집니다. 청결의 공기는 정성이 묻어 있을 때 전해집니다. 덕분에 저희 연구소에 방문해 주시는 고객분들은 한결같이 봄들애에만 오면 쾌적하고 좋은 향기가 나서 기분이 좋아진다고 말씀해 주십니다. 청소는 그분을 맞이하는 최소한의 예의입니다. 저는 지저분한 음식점이나, 매장은 잘 가지 않습니다. 청소가 되어 있지 않은 곳에 가는 것이 피로도도 높일 뿐 아니라 고객으로서 대우받지 못한다는 느낌을 받을 때가 많이 있기 때문입니다. 상담할 때도 디테일의 정석을 적용할 수 있습니다. 고객과 상담하다 보면 절로 고민이 흘러나올 때가 있는데 그때는 정말 고객을 돕고자 하는 마음이 우러나와 제가 읽었던 책 중에 꼭 필요한 책을 추천해 드리기도 합니다. 저는 먼저 알고 있는 지식을 알려 드렸을 뿐이지만, 고객의 마음에 감동은 덤으로 전해집니다. 덕분에 소피노자 님께 가면 최고의 양서를 추천받을 수 있다고 하여 '백발백중'이라는 별명도 얻게 되었습니다.

또한 저는 시간 관리 도구인 바인더에 쓰는 펜조차 0.28mm 심으로 정해 두고 사용할 정도로 디테일을 중시합니다. 디테일은 곧 기본기이고, 신뢰를 쌓아 가는 과정이며, 부단한 노력 끝에 탄생하는 것입니다. 디테일은 다른 말로 배려이고, 신뢰입니다.

단순히 책을 한 권 추천해 드릴 때에도 그 사람의 상황, 마음 상태를 깊이 공감해 주는 것이 선행되어야 하고, 상대방 입장에서 바라보는 연습이 훈련되어 있어야 합니다. 그래서 라이프 인플루언서는 내 삶을 사랑하는 동시에 남도 사랑할 수 있는 삶을 살아 낼 줄 아는 지혜를 터득하는 것이 중요합니다. 내가 먼저 마음을 전하고, 깊이 사랑하다 보면 누군가 내 삶을 보고 따라 하고 싶고, 닮고 싶은 생각이 들면서 삶의 롤 모델이 된답니다. 라이프 인플루언서 주위에는 항상 새로운 신용이 쌓이고, 그런 신용들이 하나둘 채워지다 보면 어느 순간 높이 날아오른 내 인생을 보고 느낄 수 있습니다. 여러분은 삶에서 누군가에게 선한 영향력을 미칠 어떤 디테일함을 갖추고 있나요? 만약 디테일의 힘을 갖추고 싶다면, '세계 최고의 인재들은 왜 기본에 집중할까?' '최고들의 일머리법칙' '디테일의 힘' 책을 읽어 볼 것을 추천합니다.

*오모테나시: 진심으로 고객을 접객한다는 뜻을 담은 일본어

돈이 나에게 붙게 만드는 복리 습관

[세 가지 기준]

6년 전 빚이 3억 5천만원 이었습니다. 그때 처음으로 돈이란 녀석에 대해 아주 심각하게 고민했습니다. '왜 열심히 살고 있는데 빚은 늘어만 가는 거지?' 나에게만 하늘이 벌을 주는 듯했고, 열심히 사는 것이 점점 더 억울해지기 시작했습니다. 억울함에서 질문으로 방향을 바꾸자 돈 공부를 시작하게 되었고, 그렇게 시작한 돈 공부가 지금은 상식이 되었습니다. 일본 최고의 금융 교육 전문가 중 한 명인 이즈미 마사토는 돈이란 '신용을 가시화한 것'이라고 말합니다. 한 달 동안 돈을 지출한 패턴만 분석해도 그 사람의 생각, 행동반경, 시간을 사용한 흔적을 모두 파악할 수 있다고 합니다. 그만큼 돈은 우리의 감정, 무의식, 생각과 아주 밀접하게 연결되어 있는 매개체인 거죠. 돈 공부를 하면서 돈을 사용하는 세 가지 기준이 있다는 사실을 알게 되었습니다. 돈을 거래한다는 것은 가치를 돈으로 환산해 맞바꾸는 것인데 가치를 기준으로 3가지로 나눕니다.

가치 > 비용

가치 = 비용

가치 < 비용

빚이 3억 5천만원 일 때에는 그야말로 욕망을 충족시키기 위한 지출이 더 많았습니다. 가치보다 비용이 큰 것 또는 가치와 비용이 같은 것에만 집중 소비를 했습니다. 그러니 아무리 열심히 살아도 삶의 질이 좋아질 리가 없었던 것입니다. 뼈아픈 이 사실을 찾아내는 데 대략 4년여의 시간이 걸렸습니다. 여러분도 돈이 모이지 않고 있다면 내가 돈을 사용하고 있는 가치가 어떤 기준으로 사용되고 있는지 한번 점검해 보세요. 삶은 열심히 사는 것보다 효율적으로 사는 것이 훨씬 더 중요하다는 것을 돈 공부를 통해 배웠습니다.

[세상에서 가장 비싼 무료 선물]

세계 최고의 지성인들이 모인 곳, 하버드에 가면 하버드생들은 이 단어를 압도적으로 많이 사용한다고 합니다. 그리고 이것을 관리하지 못하면 바로 유급이 되거나 수업 자체를 따라갈 수 없다고 하니 가히 이것의 달인이 되어야 하버드에서 생존하는 길이 열리는 셈입니다. 하버드생에게 가장 중요한 것 중 하나이고 학생들이 가장 많이 이야기하는 단어인 '이것'은 무엇일까요? 바로 시간입니다. 누구나 일정량을 갖고 태어나지만 서로 다른 끝이 있고, 동일하게 주어져도 사용 방법에 따라 가치가 천차만별이 되는 시간. 시간이야말로 세상에서 가장 비싸지기도 하고 가장 저렴해 지기도 하는 우주의 선물입니다. 시간은 눈에 보이지 않기 때문에 한 사람에게 주어진 시간의 가치를 따져 돈과 교환 되기도 합니다. 성공하는 사람들은 모두 이 시간에 가치를 덧입힌 사람들입니다. 시간을 다르게 사용하는 방법을 알면 시간이 나를 부자로 만들어 주기도 합니다. 제가 빚이 많을 때 저는 시간을 무한정 흘려보내는 사람이었습니다. 그냥 흘려보낸 것이 아니라 펑펑 낭비하며 흘려보냈죠. 시간 나면 TV 보기, 시간 나면 무료하게 잠자기, 시간 나면 친구들 만나서 수다 떨기, 그러나 지금은 다릅니다. 나의 소중한 시간들에 하나 둘 씩 가치를 누적시켜 나갑니다. **시간을 가장 효율적으로 사용하는 방법은 시간에 복리를 붙이는 것입니다.** 시간의 복리를 활용하면 여러분의 시간이 무한대로 몸값을 높여 줍니다. 현재 저는 시간을 낭비한다는 사실을 깨달았던 당시보다 정확히 10배의 몸값이 높아졌습니다. 나에게 주어진 공짜 선물을 가장 비싸게 만들려면 시간에 최상위 가치를 부여해야 합니다. 꾸준함의 힘! 여러분은 시간을 다르게 보내기 위해 누적시키고 싶은 것이 무엇인가요? 독서? 운동? 명상? 어떤 것이라도 좋으니 즉시 실행해 보세요. 시간의 복리를 만드는 것은 '시간차 공격'입니다. 빨리 시작할수록 복리의 힘은 무시무시하게 커질 테니 말입니다.

[시간에 복리의 마법을 Ctrl+C+V]

시간을 한창 낭비하던 시절 제일 많이 이야깃거리가 되던 것은 연예기사에 나오는 기삿거리들이었습니다. 지금 생각해 보면

참 안타깝지만 연예인들의 삶이 부러워서 그랬구나… 하며 스스로 위안을 삼습니다. 지금은 시간을 차원이 다르게 사용하기 위해 시간 관리를 합니다.

6년 전보다 더 바빠졌는데 시간은 오히려 남는 신기한 일이 생기기도 합니다. 나만의 시간을 5가지 영역(주업무, 부업무, 자기계발, 개인, 네트워크)으로 나누어 기록하며 사용하다 보니 시간의 질도 훨씬 높아졌습니다. 무엇보다 내가 보낸 시간들이 눈으로 보이니 시간의 주인이 될 수 있어서 좋습니다. 지금은 누군가 외모를 관리하듯 매일 시간을 관리하지 않으면 하루 일정이 만족스럽지 않을 정도입니다. 시간관리를 통해 가치 있는 시간을 누적시키고 습관으로 깃들게 한 것이 저에겐 가장 뿌듯한 일 중 하나입니다. 시간에 복리의 마법이 붙는 순간 소피노자의 브랜드가 비싸지는 것은 시간문제겠죠?

[시간에 복리를 쌓는 시간관리]

그렇다면 시간에 복리의 마법을 복붙하는 좋은 방법은 무엇일까요?

첫째는 질문하는 것입니다. 여러 질문들을 찾아보았지만 시간 관리에 아주 효과적인 질문은 이겁니다. "어떻게 하면 시간의 소비자가 아닌 시간의 공급자가 될 수 있을까?" 저는 매일 아침 이 질문을 던지고 하루를 시작합니다. 이 질문을 갖고 하루를 시작하면 불필요한 시간을 제거할 수 있을 뿐 아니라 시간을 비싸게 만들기 위한 지혜로운 아이디어들과 마주하게 됩니다. '오늘의 우선순위를 찾아 가장 먼저 실행하기' '내 시간을 비싸게 만들어 줄 사람과 미팅하기' '오늘 나의 가치를 최대한 이끌어 줄 독서양식 쌓기' '가치가 있는 장소를 경험하기' 등 더 가치있는 시간을 보내다 보면 시간이 복리의 마법을 일으켜 나를 남다른 사람으로 만들어 주는 것입니다. 더 좋은 것은 가치 있는 실행들을 지속하는 것이고, 시간에 가치를 입히는 고수는 좋은 습관들을 매일 실천해서 성공자의 복리를 쌓아 가는 것입니다. 복리는 공급자의 시간, 가치 있는 시간들이 누적될 때 발생합니다. 투자한 돈에 복리가 붙듯 시간에도 복리를 만들어 낼 수 있다면 내 시간의 결은 다르게 흐를 것입니다. 물이 새는 둑이 아니라 바닷물이 뿜어져 나오는 웅덩이 같은 시간을 소비하는 라이프 인플루언서가 되어 보시는 것 어떠세요? 우리의 시간은 유한하고 재능은 무한하니까요

매일 나를 따라다니는 그림자 가꾸기

[나의 신용을 만드는 것]

앞서 브랜딩은 보이지 않는 철학이라고 했습니다. SNS로 연결된 세상에서 보이는 것만큼 보이지 않는 것 또한 중요해 졌습니다. 얼마 전 백종원의 골목식당 영상을 보니 솔루션 이후 식당에 다녀온 사람들의 음식 리뷰가 별로 좋지 않자, 백종원 대표가 기습 방문을 했습니다. 처음 솔루션을 받은 뒤 개선된 모습과 달리 음식 재료 보관도 다시 엉망이 되고, 주방 청결도는 물론이고 고객 서비스까지 다시 솔루션 이전으로 돌아간 가게의 현장을 보고 한숨을 짓는 백종원 대표의 영상을 보니 저도 마음 한구석이 불편해지는 것을 느낄 수 있었습니다. 고객들은 이런 불편했던 점들을 가게에 직접 알리지 않고, SNS 속 자신의 공간에 자유롭게 의견을 개진하면서 누구나 볼 수 있게 했습니다. 이제 모든 사람들은 초연결된 시공간을 기반으로 한 사회에서 살아가고 있습니다. 그때 나를 가장 빛나게 만들어 주는 것은 '태도'입니다. **태도는 보이지 않지만 함께 있으면 누구나 알게 되고 느끼게 되는 것**입니다. 뿐만 아니라 태도는 생각하고 마음먹은 대로 주위

현상에도 그대로 묻어납니다. 온라인 세상이 발달하기 전에는 겉과 속이 달라도 포장을 잘 하면 괜찮았지만, 지금은 겉과 속, 보이는 면과 보이지 않는 면이 일치해야 합니다. 아무리 겉이 화려해도 결국 태도가 좋지 않으면 두 번의 기회는 찾아오지 않는 법입니다. 태도는 그 사람을 비추는 신용입니다. 사람들은 보이는 것보다 보이지 않는 것에 더 예민하게 느끼고 반응합니다. 여러분이 관리해야 할 것은 겉모습뿐만 아니라 태도 역시 관리해야 합니다. 가끔 만나는 사람들 중 자신보다 아랫사람이라고 생각하는 사람에게는 고개를 숙일지 모르는 사람들을 봅니다. 그 사람의 행동을 보면 결국 그 사람이 생각하는 의식반경, 다른 사람들을 대하는 태도가 붓으로 칠하듯 드러납니다. 태도가 쌓이면 그 사람의 신용이 되고 평판이 됩니다. 아무도 못 느끼는 것 같지만 사실은 내면에서 각자 느끼면서도 자신이 느낀 그 사람의 태도를 굳이 평가하지 않으려는 것뿐입니다. 나의 태도, 나의 평판과 신용도는 몇 점일까요?

[아이돌 가수가 오래갈 수 있었던 이유]

'가수에게 가장 중요한 것은?'이라는 질문에 '노래와 춤 실력 아니야?'라고 생각했는데 실제 성공한 가수에게 들은 답변은 조금 충격적이었습니다. '1조 리더'라는 타이틀이 붙은 박진영이 발굴한 신인가수 트와이스에게 교육할 때 했던 말을 여러분들에게도 공유하고 싶습니다. 박진영은 트와이스에게 좋은 가수이기 전에 먼저 좋은 사람이 되라고 합니다. 그럼 좋은 사람이 되기 위해 JYP만의 3가지 덕목을 갖추면 좋겠다고 했는데 좋은 사람이 되기 위한 그 세 가지 덕목은 무엇이었을까요?

첫째 가장 중요한 것은 '진실'입니다. 박진영은 진실에 대해 이야기하며 자신이 현재 욕을 할까, 안 할까라고 질문합니다. 그는 몇 년 전까지는 썼었지만 현재는 단 한마디도 쓰지 않는다고 말합니다. 그러면서 진실한 사람은 곧 '조심할 것이 없는 사람'이 되라는 것이라고 이야기합니다. "연예인 되려면 말조심해야 돼"가 아닌 그냥 삶에서 조심할 것이 없는 사람이 진실한 사람의 기준이라는 것이죠. 스타가 되기 위해서가 아닌 좋은 사람이 되기 위해 진실을 갖추는 것, 그것이 보이지 않는 것을 신용으로 만드는 가장 중요한 신뢰의 근간 아닐까요?

둘째는 '성실'하라고 이야기합니다. 기본적으로 가수가 되기 위해 매일매일 꾸준히 해야 하는 것이 있습니다. 체조, 스트레칭, 운동, 춤 연습, 노래 연습 이런 것들을 매일 해야 합니다. 그런데 문제는 같은 것을 매일 하는 것은 지겨울 때가 생긴다는 것입니다. 박진영은 그 지겨운 것을 이겨 내는 사람이 성공한다고 말합니다. 물론 이런 것을 지키지 않아도 잠깐의 성공을 할 수 있습니다. 그런데 그 성공이 유지되지 못하고 얼마 못 가 다시 추락한다는 사실입니다. 성실 역시 신뢰의 기준이고, 성실은 그 사람의 실력입니다. 짧게 보면 별로 차이 나는 것 같지 않지만 길게 본다면 엄청난 격차를 만드는 중요한 요소가 성실입니다. 성실은 요령도 아니고 삶의 마음, 삶의 자세에서부터 나오는 것입니다.

셋째는 '겸손'입니다. 내가 조금만 잘되면 모든 것이 내 실력 때문인 것 같지만, 사실 이것은 많은 사람들의 보이지 않는 도움에 의해 만들어진 것입니다. 사람은 누구나 부족한 것이 있고, 그 부족한 부분을 누군가의 도움을 빌려서 채워야만 성공의 길로 갈 수 있습니다. 내가 부족한 것을 알수록 타인에 대한 고마움이 커지게 됩니다. 마음속 깊이 감사하고 고마움을 느끼는 마음, 그것이 겸손입니다. 박진영은 겸손은 보험이라고 합니다. 누구나 살다 보면 위기가 찾아옵니다. 그 위기 때마다 다른 사람의 도움이 필요한데 그때 겸손이 큰 작용을 하기 때문입니다.

박진영은 지금도 가수들을 발굴할 때마다 이 세 가지 덕목을 강조합니다.

저도 마찬가지로 제 삶을 가장 위대하게 만드는 가치관 중 중요한 것이 '성실'입니다. 모든 날 모든 순간 성실하려고 노력하다 보니, "어떻게 하면 내 시간을 가장 비싸게 만들 수 있는가"를 고민하게 되고, 성실을 증명해 내기 위해 내가 오늘 해야 할 일들은 무엇인지를 고민하며 보냅니다. 저는 하루가 너무 짧습니다. 흘러가는 1초, 2초가 아쉬울 정도로 하고 싶은 것도 많고, 이루고 싶은 것도 많기 때문입니다. 제가 성실이라는 가치관을 갖고 살지 않았다면 아마 지금까지 인생 신용불량자가 되어 방황하는 삶을 살고 있었을 것입니다. 신기하게도 저는 성실이 최우선 가치관이라고 사람들에게 일일이 말하고 다니지 않는데 저를 아는 많은 사람들은 저를 보며 성실하다고 이야기합니다. 제가 추구하는 가치관을 삶으로 증명해 냄으로써 사람들에게 보이지 않은 신용이 쌓인 셈입니다. 성실뿐만 아니라 비전과 감사 역시 제 삶을 다스리는 멋진 가치들입니다.

아인슈타인이 발명한 전기는 우리 눈에 보이지 않지만 정말 중요한 요소가 되었습니다. 우리 생명을 유지시키는 공기는 보이지 않지만 우리 건강을 책임지는 일등공신입니다. 보이지 않는 것이 중요한 이유는 어쩌면 그것이 우리를 나타내는 전부가 될 수도 있기 때문입니다. **보이는 것만큼 보이지 않는 것의 실력을 쌓으세요.** 결국 보이는 것만으로 사람들의 일시적인 마음은 얻을 수 있지만 평생 함께 하고 싶은 신뢰를 쌓는 마음은 보이지 않는 것을 통해 만들어지는 법입니다. 나를 증명해 낼 꾸준하게 쌓인 보이지 않는 그 무언가가 여러분의 브랜드를 만들어 내는 시대입니다. 내 인생의 주인공이 나라고 생각한다면 박진영처럼 최소 3가지 정도 보이지 않는 것의 기준은 갖추어야 하지 않을까요?

3장

인생, 신사업이 되다

돈 버는 인생을 만드는 인생 공략집

[진심을 짓습니다]

 한 브랜드 건설사의 슬로건은 '진심이 짓습니다'라고 합니다. 요즘은 진짜와 가짜를 구분할 수 없을 정도로 꾸며진 것이 많아 진짜의 진심을 구분해 내기 더 어려워졌습니다. 역설적이게도 그래서 더욱 진짜가 귀해진 세상이 된 것 같습니다. 찐이라는 신조어가 나올 정도로 말이죠. SNS상에서도 상업적인 것이 많아지면서 가짜를 구분하기 위한 '내돈내산' 리뷰가 등장했습니다. 우리에게도 수많은 거짓으로부터 진실을 판별해 내는 능력이 필요한 순간입니다. 몇 년 전 연구소를 지을 때 강의용으로 사용할 프로젝터를 인터넷으로 구매했습니다. 직접 보고 구매하면 마음이 조금 놓일 텐데 연구소 인테리어와 수업 준비 등으로 바쁘기도 했고, 시간도 절약할 겸 인터넷 후기를 믿고 구매하기로 했습니다. 고가의 품목을 구매하다 보니 사야 하나 말아야 하나 고민이 되면서도 당장 아쉬워서 후기나 인터넷 페이지 상세 설명에 의지한 채 구매할 수밖에 없었습니다. 그런데 프로젝터가 도착한 날 택배로 도착한 상자를 열고는 깜짝 놀랐습니다. 프로젝터는 전용 박스에 아주 탄탄하게 잘 고정되어 도착했고, 뒤이어 뭔가 다른 것들이 잔뜩 들어 있는 또 하나의 상자를 발견했습니다. 프로젝터 박스 안에는 프로젝터 말고도, 구매해 주셔서 감사하다는 감동의 손 편지, 피곤할 때 드시라며 예쁜 포장지에 가득 담겨 있는 간식과 믹스커피 몇 봉, 귀여운 볼펜 한 자루도 함께 들어 있었습니다. 요즘은 이런 이벤트들을 실천하는 곳들이 많아졌지만 몇 년 전만 해도 인터넷 쇼핑은 복불복일 때가 많았습니다. 이벤트 같은 선물들을 보는 순간, 인터넷 주문의 불확실성 때문에 걱정했던 제 마음은 스르르 녹아내렸습니다. 고객을 생각하며 챙겨 준 마음에 감동하여 이것저것 보내 주신 것들을 사진으로 찍어 SNS에 올리기 바빴습니다. 굉장히 작은 차이였음에도 단순히 프로젝터만 보내 주는 것과 손 편지, 간식거리, 문구류 등을 첨부해 보내 주는 것을 마음으로 느끼는 차이는 꽤나 크게 느껴졌습니다. 연구소 짓느라 바빠 끼니도 제대로 챙겨 먹지 못할 때였는데 소소한 간식거리들이 단비처럼 반가운 기쁨을 선물로 주었습니다. 그 프로젝터 회사는 고객 만족 이상으로 사람의 마음을 사로잡는 비밀을 알고 있었던 것 아닐까요? 마음을 사는 비밀은 아주 커다란 무언가가 아닌 역지사지의 마음이 담긴 진심 한 스푼으로부터 출발한다는 것을 알고 있었던 것 같습니다. 그제야 프로젝터를 구매한 고객들의 후기가 왜 그렇게 좋았는지 이해할 수 있었습니다. 단순한 정보나 제품 제공자가 아닌 마음까지 얻을 수 있는 비결은 상대로 하여금 진심을 느끼도록 하는 것입니다. 여러분은 상대의 마음에 진심을 짓고 있나요?

[우리는 모두 타이탄입니다]

혁신의 아이콘이라 불리는 팀 페리스는 3년간 애플 팟캐스트 <팀페리스쇼>를 진행하며 세계 최고의 성공을 거둔 200명의 거인들을 인터뷰 해 성공비결을 모았습니다. 성공한 거인들을 인터뷰하며 팀 페리스가 정의한 타이탄이란 세상에서 가장 부유하고 지혜롭고 건강한 사람들이었습니다. 그런데 부족한 게 없을 것 같던 타이탄들도 알고 보면 결점투성이라고 합니다. 그들은 결점 많은 아주 평범한 사람들이 그저 꾸준하게 작은 목표를 시도하고 성과를 이뤄 낸 사람들이었습니다. 그들은 성공을 타고난 운명이 아니라 성공할 수밖에 없도록 자신의 역량을 만들어 간 사람들이었습니다.

요즘 주변을 둘러보면 3포 세대부터 시작해 현실의 벽에 부딪친 사람들을 위로하는 말들을 자주 봅니다. 그런데 우리에겐 정말 위로가 필요한 것일까요? 어쩌면 힘겹게 살아가는 스스로를 애써 위로하느라 자신이 타이탄인 줄도 모른 채 살아가는 건 아닐까 하는 쓸쓸한 생각을 해 봅니다. 동전의 앞면만 볼 줄 아는 사람처럼 나보다 더 멋진 사람들 속에 자신을 가두어 버리느라 정작 중요한 동전 뒷면은 바라볼 생각도 못 하고 있는 건 아닐까요? 나비는 나비가 될 때까지 4번의 변화과정(알-애벌레-번데기-나비)을 겪는다고 합니다. 만약 나비의 알이 애벌레가 되었을 때 "이만하면 열심히 자랐으니 더 이상 크지 않아도 괜찮아"라고 스스로를 위로한다면 애벌레는 자신이 아름다운 두 날개를 가진 나비라는 사실을 깨닫지 못할 겁니다. 삼성의 초격차를 만든 권

오현 회장은 애벌레가 애벌레인 채로 뚱뚱해지기만 한다면 곧 먹잇감이 되어 잡아먹힌다고 했습니다. 무엇이든 변화되지 않으면 고인 물이 되는 건 시간문제입니다. 지금 우리가 마주해야 할 진실은 나 자신을 사랑하는 방법은 나에게 끊임없이 성장하는 경험을 주는 것이라는 사실을 아는 것입니다. 내 안에 내재된 타이탄 DNA를 꺼내는 것이 나를 진심으로 사랑하고 아끼는 방법입니다. 위로가 아닌 실제와 마주하는 순간, 3포가 아닌 인생 3막까지 살아 낼 힘을 갖게 되는 것입니다.

실제로 자신과 마주해 자신의 변화를 체험해 보고, 자신의 삶을 바꿔 본 사람만이 타이탄의 영향력을 갖게 됩니다. 우리는 이미 타이탄으로 태어났고, 가장 부유하고, 가장 지혜롭고, 가장 건강한 삶을 살아갈 역량이 충분합니다. 내 안에 숨겨진 보석을 바라볼 수만 있다면.

[역발상의 법칙]

고객들로부터 많은 사랑을 받는 기업이나 제품을 보면 고객의 니즈를 200% 채워 주는 것을 볼 수 있습니다. 고객의 마음에 명중하는 "내가 찾던 그것"의 역할을 톡톡히 해내면 고객은 그 다음부터 믿고 보는 찐 팬이 되는 것입니다. 고객에게 사랑받는 기업들은 어떻게 해서 고객의 니즈를 파악할 수 있었을까요? 그것은 사람들이 원하는 것에 관심을 기울이고 무엇을 원하는지 스스로 질문을 던져 보면 알 수 있습니다. 역지사지의 마음으로 질문에 대한 답을 찾아가다 보면 종착역에 고객의 사랑이 기다리고 있는 것입니다. 몇 가지 예를 들어 볼까요? 1인 가구가 늘면서 커다란 수박을 한 통 다 구매하기에는 소비자의 입장에서 매우 부담스럽습니다. 고객의 부담스러운 마음을 역지사지 해서 탄생한 애플수박이 있습니다. 사과 한 개의 크기와 비슷해 먹기도 편하고 남길 염려가 없으니 1인 소비 시대에 딱 맞는 콘셉트입니다. 그뿐일까요? 바쁜 현대인들은 하루 중 아침이 가장 빠듯한 시간입니다. 바쁜 아침시간을 절약하자는 의미로 만들어진 샴푸와 린스를 합친 하나로 샴푸는 일터에 가느라 바쁜 대한민국 아빠들에게 폭풍적인 인기를 끌었습니다. 사랑한다는 것은 헤아림이라고 합니다. 남을 사랑하는 방법은 그 사람의 마음으로 세상을 바라보는 것에서부터 출발합니다. 그 작은 차이가 지속될 때 단순한 이익관계가 아닌 진정성 있게 소통하고 신뢰를 얻는 가장 새롭고 가장 창의적인 결과를 만들어 낼 수 있습니다.

[진심의 온도]

개인적으로 아파트를 좋아해서 신축 아파트 입주 시기가 되면 구경 다니는 것을 좋아합니다.

여느 날과 마찬가지로 인근에 새로운 신축이 생겨 주말에 가족들과 구경하러 갔습니다. 흔치 않은 대단지 아파트라서 외관도 웅장하고 멋있었지만 내부 인테리어 보는 것을 좋아하는 저에게 가장 먼저 눈에 들어온 것은 구경하는 집이었습니다. 각 동마다 2-3개의 구경하는 집이 있었는데 입구와 가장 가까이 위치한 동으로 가 보니 같은 라인에 구경하는 집이 두 곳 있었습니다. 한 집씩 둘러보기로 하고 첫 번째 집을 들어가니 너무 화려하게 꾸며져 있어서 인테리어가 제 맘에 쏙 들지는 않았습니다(필자의 인테리어 취향은 이케아 북유럽 스타일입니다.) 그런데 소개해 주시는 사장님께서 어찌나 친절하시던지 인테리어보다 사장님에게 더 호감을 느껴서 어느새 화려한 인테리어에 대한 반감이 상쇄되어 버렸습니다.

어떤 질문을 해도 활짝 웃으며 답변해 주시는 인테리어 사장님 덕분에 주변에 화려한 인테리어를 좋아하시는 분들께 추천드리고 싶어서 명함을 하나 챙겨 나왔습니다.

기분 좋게 다음 집에 갔습니다. 첫 집과 다르게 모던하고 깔끔한 느낌의 화이트 인테리어가 제 마음을 사로잡았습니다. 인테리어 견적을 여쭤 보고 싶어서 사장님의 얼굴을 보았더니 시큰둥하고 냉랭한 표정이 대답하기 귀찮다는 말을 대신 말해 주고 있는 듯 했습니다. 인테리어는 깔끔하고 실력도 좋아 보였으나 사장님에게 느껴지는 향기는 전혀 고급스럽지 못했습니다. 그 냉랭함으로 인해 마음을 얻지 못했던 것입니다. 저는 그날 문에 붙어 있는 인테리어 업체명을 각인하고 왔습니다. 내가 인테리어를 한다면, 혹은 지인이 인테리어를 한다면 그곳엔 절대 의뢰하지 말아야지! 하는 강한 다짐과 함께.

태도는 '제2의 입'입니다. 사람이 사는 집도 인테리어에 따라 차가워 보이거나 따뜻해 보이듯 사람에게도 자신만의 온도가 있습니다. 우리 몸의 체온은 항상성에 의해 36.5도를 유지합니다. 1도만 낮아도 저체온이 되고, 1도만 높아지면 열이 나기 시작합니다. 마찬가지로 상대를 대하는 마음가짐이나 진심의 태도를 유지하려고 노력하는 그 마음이 상대를 바라보는 진심의 온도가 됩니다. 진심의 온도가 항상 일정하게 유지되는 좋은 방법은 황금률을 잊지 않는 것입니다. 결국 진심의 온도를 가진 사람은 짧은 끈으로 묶일 인연까지도 긴 끈으로 묶어 소중한 인연으로 만들어 갈 수 있습니다. 진심의 온도는 화려한 광고도 아니고, 뛰어난 언변도 아닌 나 자신을 사랑하듯 남을 사랑하는 그 마음 안에 존재합니다. 그리고 그 속에 진정성이라는 보이지 않는 열매가 무르익고 있는 것입니다.

책 읽기 딜레마

[초연결 사회에서 나를 지켜 내는 힘]

우리가 살아가고 있는 시대에는 모든 것이 연결되어 있습니다. 연결된 조각들이 모여 빅데이터라는 이름으로 우리의 선택적 편리함을 제공해 주기도 합니다. 제가 자주 하는 선택 중 하나는 많은 책 중에서 양서를 찾아내는 것입니다. 오프라인 매장에는 종이 책 촉감을 직접 느끼며, 여러 가지 책을 비교하면서 좋은 양서를 찾아가지만 온라인에서는 상황이 조금 달라집니다. 온라인에서 책 한 권을 클릭하면 저자소개, 목차 밑으로 빅데이터가 추천하는 같은 종류의 인기도서들이 함께 보입니다. 덕분에 저는 아주 수월하게 인기 있는 양서들을 여럿 볼 수 있고, 같은 분야의 책을 여러 권 구매하여 전문지식을 쌓는 데 도움을 받기도 합니다. 인터넷을 통해 초연결된 지식정보 사회, 더 이상 독서할 필요가 있나? 싶을 정도로 온라인에 정보들이 넘쳐납니다. 그런데 이럴 때일수록 방향성을 잃지 않기 위해 독서가 필요합니다. 온라인에서 주어진 정보는 어느 정도 일상에 도움이 되지만 인생의 방향을 결정짓는 가치관에 투영되지는 않습니다. 독서는 내 인생을 더 탄탄하게 다져주는 역할을 하고 뿌리를 깊게 내려 모든 사고의 기반이 됩니다. 정보는 생각당하게 만들지만 독서는 스스로 생각하게 만듭니다. 독서는 모든 것이 획일화되어 갈 때 나의 방향성과 정체성을 지켜 주는 깃발이 됩니다. 단순한 지식적 접근이 아닌 근본적으로 사고하는 패러다임을 바꾸게 해 주는 마중물인 것 입니다. 문제는 우리가 독서를 올바르게 하고 있느냐입니다. 그렇다면 내 인생을 만들어 가는 독서! 어떻게 해야 나만의 방향성을 잡고 잘 읽는 것일까요?

[책 속에 숨겨진 미싱 링크]

누구에게나 똑같이 주어진 하루인데 왜 우리 삶의 결과치는 모두가 다를까요? 이런 궁금증은 제 삶에 늘 물음표였습니다. 독서를 시작한 다음부터 아주 간절하게 부자가 되고 싶었거든요. 지금도 그 목표는 변함이 없습니다. 저는 7,777억 자산을 가진 부자가 되고 싶다고 늘 스스로에게 말하고, 친한 지인들에게도 생각을 전합니다. 덕분에 주위에 부자가 되고 싶다는 소망에 열렬히 불타고 계신 분들이 많아졌습니다. 그런데 부자로 가는 길 위에 있으려면 '왜 우리 삶의 결과치는 모두 다를까?' 라는 질문에 스스로 답을 찾아내야만 했습니다. 모든 사람이 부자가 되는 것이 아니라면 부자는 결국 '하루를 다르게 보내는 사람', '생각을 다르게 하는 사람'이라는 혼자만의 가정법을 세웠습니다. 그때부터 스스로 나의 하루를 다르게 보내려면 어떻게 해야 하지? '7,777억 부자처럼 생각하려면 어떻게 해야 하지?를 고민하며 독서를 하기 시작했습니다. 그 질문들 덕분에 지금까지 독서의 끈을 포기하지 않고 잘 늘려가고 있습니다. 매번 새로운 책을 고를 때 앞서 말한 두 가지 질문이 독서의 흥미와 몰입도를 쭉쭉 올려 줍니다. 탈무드에서 말한 것과 같이 배움은 질문에서부터 시작됩니다.

책에는 나의 경험만으로는 설명이 불가능한 해답들이 들어 있습니다. 즉 나의 경험과 알고 싶은 질문에 대한 답 사이에 끊어진 미씽 링크가 존재하고 있습니다. 책 속에서 미씽 링크를 찾아내었을 때의 기쁨과 뿌듯함이란 단연코 두말할 필요가 없습니다. 마치 스타벅스 메뉴를 다른 관점으로 해석해 보고 새로운 인싸 레시피가 탄생하듯 저만의 관점에 독서를 통한 관점을 서로 섞으면 새로운 의미의 지적 자극이 저를 늘 깨어 있게 만든답니다. 책 속에 숨겨진 미씽 링크는 질문이 없으면 절대 찾아낼 수 없습니다. 단순한 지식을 넘어 내가 바라보고 싶은 시야를 찾는 것은 활자가 아닌 활자 속에 숨겨진 질문을 통해 비로소 연결고리가 되는 것입니다.

여러분은 어떤 질문을 갖고 독서하시나요? 그리고 책 속에서 어떤 해답을 찾기 원하시나요? 나만의 질문을 통해 숨겨진 미씽 링크를 찾아보세요.

[자본주의 독서는 무엇이 다른가요?]

시중에 출간된 독서법에 관한 책들은 아주 많습니다. 저도 독서법에 관한 책을 많이 읽고 적용해 보았으나 맞는 것도 있고, 맞지 않는 것도 있었습니다. 저는 보통 1년에 200권에서 300권 정도의 책을 다독하는 편입니다. "어떻게 1년에 200권에서 300권을 읽을 수 있나요?"라는 질문을 자주 듣는데 그에 대한 답은 간단합니다. 저는 철저하게 "자본주의 독서"를 지향합니다. 첫째, 모든 책을 다 본다는 생각을 안 합니다. 책을 보는 것은 내 시간을 쓰는 것인데, 저에게 불필요한 책을 보면서까지 소중한 시간을 쓰고 싶은 생각이 없습니다. 자본주의사회에서 가장 중요한 것 하나를 꼽으라 한다면 단연 '시간'이기에 저는 시간 대비 아웃풋이 좋은 양서를 고르는 데 더 많은 시간을 투자합니다. 시간 대비 아웃풋이 좋은 양서의 기준은 그 책이 나의 질문에 대한 답이 되어야 하고, 저자가 책을 쓴 목적과 저자가 경험해서 얻은 확실한 열매가 있어야 합니다. 경험을 통해 나온 지식만이 실천했을 때 지혜로 연결될 수 있습니다. 철학적 이론만을 소개하기 위한 지식을 위한 책은 잘 보지 않습니다.

둘째, Why와 How to를 구분합니다. 저는 실천 지향 책 읽기를 합니다. 지식에서 끝내지 않고 저자가 알려 주는 내용을 아이디어화하고 직접 적용해 보는 것이죠. 그럴 때 저는 아이디어를 2가지로 나눕니다. 그 분야에 대한 이해도가 부족해 지적 배경을 더 탄탄히 채우고 싶다면 Why에 대해 집중 탐구하며 읽고, Why가 채워지면 How to 부분을 집중적으로 파고들어 실천할 수 있는 모든 아이디어를 뽑아낸 다음 나름의 단계별로 하나씩 실행해 봅니다. 꾸준히 Why와 How to를 채워 가다 보면 어느새 그 분야의 나름 준전문가 수준으로까지 도달할 수 있게 됩니다.

셋째는 해결하고 싶은 한 가지 키워드를 선택해 그 분야의 책을 쉬운 것부터 어려운 책까지 20~30권 구매해 지행합일(지식과 행동이 일치되는 것)이 이루어질 때까지 깊게 파고드는 것입니다.

이렇게 나만의 자본주의 독서를 하다 보면 어느샌가 그 분야의 지식도 충분히 채워지고, 책에서 뽑은 아이디어들을 실천해 보며 스스로 인생의 지혜를 채워 갈 수 있을 정도가 됩니다. 제가 7,777억 부자의 꿈을 이루고 싶고, 될 수 있다고 다짐할 수 있는 이유도 자본주의 독서를 통해 버는 능력을 10배 키워 냈기 때문입니다. 독서를 어디서부터, 어떻게 시작해야 할지 막막하시다면 자본주의 독서를 실천해 보세요. 여러분의 5년 후, 아니 당장 1년 후에도 멋지게 달라진 내 모습과 마주할 수 있게 될 것입니다.

개인: 표기 음을 크는 그린컬러 / 업무 V 또는 핑크 컬러
즉시 실행 바후 실행한 아이디어 체크 / 피드백 신청유·사전 , 파홈·믹스

Date : 2019 / 7 / 2

Page	구분		피드백	Subject(노서명) : 타이탄의 도구들
	즉시실행	개인/업무		
12	O	☐	☐	2019 연간 계획 마인드맵 그리기
15	O	☐	☐	봄늘에 남다른 디테일 만들기 [매뉴얼 작업, 세크리스드, 문서와 시스템]
24		☐	☐	매일 어심 기성 후 즉시 점자리 정리하기 [작은 성공 습관 만들기]
36	O	☐	☐	오늘 있었던 감사한 일 3가지 기록하기 [감사노트 주 3회] 3개월간 작성
94		☐	☐	질문 베꾸기 "왜 안돼지?" ---> "이떻게 할 수 있지?"
108		☐	☐	문제해결 능력 올리기 [보드게임] 시후외 일주일에 2번 보드게임 하기
154		☐	☐	10배 크게 생각하기 [목표 : 봄들에 노벨상 1000개, 연구소지시 전국 50개]
154		☐	☐	피터의 법식 책 읽어보기
191	O	☐	☐	매일 한 숱이라도 글쓰기 [글쓰기 소재 줄력] 2020년 12월까지 책 줄간
240		☐	☐	#0445 클럽 [미라클 모닝 : 4시 30분 기상 후 매일 녹서하기]
294		☐	☐	온일요법 목욕 : 세로도닌 생성 [3일에 한번 반신욕 또는 족욕]
		☐	☐	
		☐	☐	
		☐	☐	
		☐	☐	
		☐	☐	
		☐	☐	
		☐	☐	
		☐	☐	
		☐	☐	
		☐	☐	
		☐	☐	

이 책의 책심 King pin (골든 아이디어)				
Page	Dead line		피드백	골든 아이디어 : 이 책에서 꼭 실행해야 할 기적의 아이디어 1가지
	즉시실행	개인/업무		
191	O	☐	☐	매일 한 줄이라도 글쓰기 [글쓰기 소재 줄력] 2020년 12일까지 책 줄간

[독서 아이디어 노트]

[나만의 서재 사진]

미래를 추천해 드립니다

[시총 1조 달러를 돌파한 기업가의 대학 졸업 연설]

내일부터 여러분은 인생이라는 책의 첫 페이지를 쓰게 될 것입니다. 여러분의 재능을 어떻게 사용하겠습니까? 어떤 선택을 하겠습니까?

무기력한 삶을 살겠습니까? 아니면 열정이 이끄는 삶을 살겠습니까?
다른 사람의 말을 따르겠습니까? 아니면 스스로 생각하겠습니까?
편안한 삶을 선택하겠습니까? 아니면 모험과 섬김의 삶을 살겠습니까?
비판에 움츠리겠습니까? 아니면 자신의 신념을 따르겠습니까?
자신이 틀린 걸 알았을 때 맞다고 우기겠습니까? 아니면 정당하게 사과하겠습니까?
거절당할 것이 두려워 포기할 것입니까? 아니면 차일 각오로 고백하겠습니까?
안전한 길만 가겠습니까? 아니면 좀 더 욕심을 내 보겠습니까?
힘든 시기가 오면 포기하겠습니까? 아니면 굴하지 않고 견딜 것입니까?
불평만 늘어놓겠습니까? 아니면 창조자가 되겠습니까?
타인에게 상처 주는 똑똑한 사람이 되겠습니까? 아니면 친절한 사람이 되겠습니까?

여러분이 80살이 되어 조용히 지나온 삶을 되돌아볼 때 자신에게 들려줄 가장 진솔한 이야기를 쓴다고 한다면 가장 탄탄하면서도 의미 있는 이야기는 여러분이 내린 일련의 선택들이 될 것입니다. 우리는 결국 우리가 하는 모든 선택에 지나지 않습니다.

멋진 이야기가 될 자신을 만드세요.

온라인상에 세계 최대 거대한 마켓을 세운 제프 베조스가 프리스턴 대학 졸업식에서 읽은 연설문 중 일부입니다. 세계 최고의 사업가가 되겠다는 제프 베조스의 꿈은 현실이 되었고, 현재 아마존은 시총 1조 달러를 돌파했다고 합니다. 제프 베조스는 이 연설문에서 '재능과 선택'의 차이에 대해 강조했습니다. 재능은 처음부터 주어진 것이기 때문에 쉽게 할 수 있지만 선택은 어렵다고 했습니다. 자신의 미래를 만들어 가는 사람들은 재능을 믿은 사람들이 아니라 자신의 선택을 믿은 사람들입니다. 그 선택에 책임지기 위해 기꺼이 열정적 노력도 아끼지 않습니다. 마침내 그 선택이 자랑스러워질 때까지 말입니다. 똑똑함은 재능이고, 따뜻함은 선택입니다. 더 나은 사람이 되기 위해 필요한 것은 옳은 선택입니다. 여전히 우리는 매일, 매 순간 선택해야 합니다. 내가 할 수 없는 것에 집중하느냐, 할 수 있는 것에 집중하느냐 그 작은 선택의 차이가 우리의 미래를 180도 바꿔 놓을 수도 있습니다.

[상대적 시간이 만든 미래]

사람들이 삶을 살아가는 여러 가지 유형이 있지만 저는 세 가지 유형을 이야기해 보겠습니다. 내일만 사는 사람, 오늘을 사는 사람, 과거에 사는 사람 세 종류의 삶을 사는 유형입니다. 오늘을 살아가는 사람들은 과거, 미래보다 오늘 하루가 제일 중요한 사람입니다. 오늘 하루 최선을 다했느냐, 하지 않았느냐에 따라 만족도가 나뉩니다. 반면, 미래를 사는 사람들은 현재가 항상 불만족한 상태입니다. 내가 원하는 미래의 모습이 현실과 너무 달라 현실에서 만족을 느끼지 못하는 상태가 지속됩니다. 제일 안타까운 것은 과거 속에 사는 사람입니다. 과거에 안 좋았던 기억들, 과거에 잘못된 선택들 때문에 앞으로 나아갈 동력이 사라진 상태로 하루하루를 살아갑니다.

어떤 유형의 삶이 가장 만족도가 높을까요? 저는 과거로부터 배우고, 미래로부터 상상하고, 현실에서 미래를 만들어 가는 삶을 살아 내는 것이 최선의 영향력을 만드는 삶의 형태라고 생각합니다. 우리가 현재 삶에서 부단히 노력해야 하는 이유는 시간의 상대성이 존재하기 때문입니다. 태양에서 지구까지 빛이 도달해 우리가 태양 빛을 보는 데까지 약 8분의 시간이 걸린다고 합니다. 이것은 내가 뿌린 노력에 대한 대가를 얻기까지 상대적 시간이 필요하다는 이야기입니다. 즉, 방금 담근 김치가 맛있게 숙성되기 위해 며칠을 기다려야 하듯, 노력으로 쌓은 시간도 탁월함을 만들기 까지는 숙성의 '시간'이 필요하다는 말입니다. 그렇기에 저는 매일 '씨앗을 뿌리는 오늘'을 만드는 삶을 추천해 드립니다. 일 년을 기준으로 삼았을 때 작은 씨앗들을 365일 매일 뿌리다 보면 결국 마지막에는 첫날 뿌린 씨앗이 알곡이 되어 나에게 값진 보상을 안겨 줄 것입니다. 씨앗을 뿌리는 일은 하루 만에 다 이룰 수도 없고, 한꺼번에 뿌리게 되면 씨앗을 가꾸는 일도 버거워집니다. 결국 느리더라도 작은 실행을 우습게 보지 않고 꾸준히 그 씨앗을 뿌린 사람이 가장 먼저 성공하는 방법입니다.

라이프 인플루언서에게 매일매일 성장하고 변화하는 것은 필연입니다. 처음에는 아무리 씨앗을 뿌려도 성과가 보이지 않아서 맞는 길인지 확신조차 하기 어렵겠지만, 그 길에 뿌려진 씨앗은 시간이 지나면서 내 인생 위에 소중한 성공의 다리를 놓아 줄 겁니다. 소중한 내 인생에 삶의 작은 루틴들을 쌓아 가세요. 루틴이 뿌린 씨앗은 생명력도 길고, 복리 효과도 한 몫 한답니다. 나의 과거가 그저 그랬다면 씨앗을 뿌리지 않고 열매만 바랐기 때문입니다. 오늘부터 나의 찬란한 미래를 위해 어떤 씨앗을 심어 보시겠어요?

마음을 얻는 지혜

[저는 평범한 사람입니다?]

저는 정말 평범한 사람입니다. 부모님께 뭐라도 도전해 보겠다고 손을 벌려 볼 수 있는 금수저도 아니었고, 어렸을 때부터 뛰어난 재능을 인정받아 특별한 영재로 자란 사람도 아닙니다. 그런데 어느 순간부터 저의 평범한 인생을 비범하게 바라봐 주시는 분들이 생겨나기 시작했습니다. 언제부터 나를 평범 이상의 삶으로 인정해 주시는 분들이 생겼을까? 그리고 왜 그분들은 나를 나 자신보다 더 좋은 사람으로 바라봐 주실까? 하는 질문이 자꾸 머릿속에 맴돌아서 곰곰이 생각해 보다가 저만의 해답을 하나 찾았습니다. 너무 평범했기에, 아니 평범 이하였기에 나도 비범해지고 싶은 마음을 거부하지 않고 치열하게 노력하는 삶을 살게 된 어느 순간부터 내 눈빛이 바뀌고, 내 마음이 바뀌고, 내 시간이 바뀌고, 내 생활이 바뀌게 되면서부터가 아닐까? 하는 생각이 들었습니다. 그렇게 물음표가 꼬리에 꼬리를 물고 마침표가 될 때까지 찾아가다 보니 예상치 못했던 답까지 도출하게 되었습니다. 사실 저는 평범한 사람이 아니었습니다. 저는 굉장히 성공 지향적인 사람이고, 내 삶에서 미래를 스스로 개척해 내는 것을 즐기는 사람이었던 것이죠. 그런데 스스로를 자꾸 평범이라는 울타리 안에 가둬 버리니 내 안에 잠들어 있던 거인들이 꿈틀거리다가도 금세 사그라드는 슬픈 일이 벌어지고 있었습니다. 나 자신을 평범하다고 자꾸 각인시켰던 큰 이유 중 하나가 다른 사람들의 시선에 너무 무모하게 비칠까 봐, 우습다고 여겨질까 봐 스스로 도전의식을 차단하고 있는 제 자신이 일순간 부끄러워졌습니다.

일본 경영의 대가 이나모리 가즈오는 직원들을 세 가지 범주로 나눴는데 그 세 가지는 불연성, 가연성, 자연성의 사람들이었습니다. 불연성은 자기 자신은 물론 다른 사람들의 열정까지 꺼트리는 사람, 가연성은 옆에서 불을 붙여 줘야 조금씩 타들어 가는 사람, 자연성은 스스로 알아서 열심히 타오르는 사람을 말합니다. 저는 자연성이 거의 99%인 자연발화 성향을 가진 사람입니다. 언제나 현재의 나와 미래의 내가 필요한 것은 무엇인지 스스로 찾아내어 변화구를 주는 것을 아주 좋아합니다. 그러니 금수저, 흙수저 이런 것은 저에게 더 이상 통하는 말이 아니었고, 저에게 더 중요한 것은 "지금보다 미래에 조금 더 나아지려면 내가 지금 무엇을 찾아 실천해야 하지?"라는 질문이 더 잘 맞는 사람이었던 것입니다. 스스로를 평범에서 비범으로 관점을 바꾸니 더 스스로를 사랑하게 되었습니다. 여러분은 평범한 삶과 비범한 삶 중 어떤 삶을 더 지향하세요? 아니 이 질문보다는 비범한 나를 평범하다고 스스로를 한계 짓고 있는 것은 아닐까요?

['왜'에서 '어떻게'로]

자연성의 사람으로 인정하기 시작한 순간부터 세상이 다르게 보였습니다. 세상은 나를 돕기 위한 더 풍성한 것들로 가득 채워져 있고, 내 생각이 바뀌면 모든 것을 가질 수 있다는 자신감도 점점 갖추게 되었습니다. 그렇게 매일 성장해 나가는 삶 속으로 저는 인생의 운전대를 틀었습니다. 다행히 다람쥐 쳇바퀴 같던 인생에서 새로운 '책바퀴'로 갈아타기 시작하면서 책 속의 수많은 인생 대가들이 가르쳐 주는 방향들로 지금까지 순항을 잘 할 수 있었습니다. 물론 처음부터 쉬웠던 것은 아니었습니다. 자기 계발을 처음 시작하던 시절 다른 사람의 시선이 두려워서 몰래 독서 모임에 나가고, 읽고 있던 책은 가방 속 깊은 곳에 안 보이게 넣어 두고, 최대한 평범해 보여야 마음이 놓였습니다. 그렇게 된 데에는 나름의 이유가 있습니다. 사람들에게 조금씩 달라진 모습이 비춰지자 "지금도 힘든데 왜 굳이 일을 더 벌이느냐며, 걱정스러운 눈빛으로 저를 바라보는 모습이 부담스러웠습니다. 한동안 부정적 신호를 차단하고 몰래 성장하고 있던 저에게 이상한 후유증(?)이 찾아왔습니다. 일명 '나눔병'인데요. 이 병의 증상은 이렇습니다. 좋은 책을 보면 가족이나 지인들에게 추천해 주고 싶고, 책이나 영상에서 봤던 좋은 글귀들 중 인사이트를 받은 것을 이야기해 주거나 공유하는 저를 발견했습니다. 마음의 빚이라도 진 듯 하나라도 더 나눠 주려고 하는 나 자신을 보면서 신기하기도 하고 너무 설레발이 아닐까? 고민했지만 결국 나에게도, 다른 사람들에게도 도움이 되는 거라면 더 많이 나눠야겠다는 생각이 점점 더 커졌습니다. 아무것도 가진 것 없을 것만 같은 저에게도 나눠 줄 수 있는 것이 생기니 부자가 된 것 같았습니다. 나눔은 가진 것이 많은 대기업에서나 하는 것인 줄 알았는데 지극히 개인인 저에게도 나눌 것이 있다는 것이 인생의 큰 축복인 것 같아 설레는 마음이 가득해 졌습니다. 알고 있는 건 전부 나눠 주어야겠다는 마음으로 배우고 나누고를 반복하다 보니 주변 사람들이 저를 바라보는 눈빛이 바뀌기 시작했고, 무엇보다 질문이 바뀌기 시작했습니다. 처음 책을 읽고, 좋은 세미나를 찾아다닐 때는 "왜 힘들게 사느냐"며 걱정의 말을 많이 하셨지만 어느새 그 질문은 사라지고 "어떻게 하면 이런 삶을 살 수 있게 되느냐?"라는 질문을 더 많이 받게 되었습니다. **"왜"에서 "어떻게"로 질문이 바뀐 것이죠.**

질문을 주시는 분들에게 도움이 될 수 있다면 최선을 다해 답변을 드리려고 노력했고, 그러다 보니 조금씩 신용이 쌓이고, 신뢰가 쌓여 더 많은 분들께서 제가 사는 삶을 축복해 주시기 시작했습니다. 관심 가져 주시는 것도 감사한데 삶을 응원해 주시고 축복해 주시기까지 하니 세상에서 가장 행복한 부자가 된 것 같았습니다. 앞으로도 저는 제가 알고 있는 더 많은 것을 나누는 '나눔병'에 계속 물들어 있고 싶습니다.

[고객이 팬이 되는 기준: Giver]

우리가 많이 알고 있는 철학자 벤저민 프랭클린은 자신의 삶을 13가지 덕목으로 나누어 매일 평가했다고 합니다. 그 13가지 덕목이란 절제, 과묵, 질서, 결단, 검소, 근면, 진실, 정의, 중용, 청결, 침착, 순결, 겸손입니다. 프랭클린의 덕목을 보면서 '과연 나는 내 삶에서 몇 가지나 지키고 있을까?' 하는 마음에 절로 겸손해졌습니다. 프랭클린의 13가지 덕목 중 단 몇 가지만 삶의 원칙으로 삼아 지켜도 내 삶뿐만 아니라 주변까지 풍요로워지겠다는 생각이 들면서 내 삶에도 성품을 지켜 나갈 수 있는 특별한 원칙들을 만들어야겠다는 생각이 들었습니다. 라이프 인플루언서에게 가장 중요한 것 중 하나가 영향력인데 내 주변 분들은 어떻게 삶에서 영향력을 퍼뜨리고 계실까? 떠올려 보았습니다. 성공하기 위해 인맥이 중요하다고 하는데 정말 감사하게도 제 주변에는 이미 너무 좋은 분들이 꽉 차 계시다는 사실이 또 한 번 감사한 순간이었습니다.

영향력 있는 삶을 위해 필요한 많은 원칙들 중 다루고 싶은 것이 인맥 관리에 대한 원칙입니다. 놀랍게도 제 주변에는 관계의 왕들이 많습니다. 인간은 관계에서 출발하며 좋은 인맥은 성공의 기본이 된다는 말이 있습니다. 저도 마찬가지로 살아온 삶을 뒤돌아보면 스스로 열심히 한 것도 도움이 되었지만 결국 많은 고마운 분들의 도움을 받으며 조언을 받고 성장해 왔습니다. 애덤 그랜트의 Give & Take에 보면 두 가지 유형의 사람이 있다고 합니다. 받는 것만을 좋아하는 이기적인 사람, 즉 '테이커'와 줄 때 더 행복함을 느끼는 '기버' 이렇게 두 종류의 사람이죠. 우리는 매일 다양한 공간에서 여러 사람들을 만나고 인연을 맺어 갑니다. 많은 사람들을 만나고 이야기를 나눌 기회들이 있었습니다. 협업의 중요성을 이야기하는 시대에 온라인으로든, 오프라인으로든 팀을 이루고 협업을 이루는 방법은 점점 더 강조되고 있습니다. 누구나 100% 마음 맞는 사람들끼리 팀이 되면 더할 나위 없이 완벽하겠지만 어떤 조직이든 기버와 테이커가 공존합니다. 첫인상만으로는 누가 테이커이고 누가 기버인지 처음부터 명확히 아는 사람은 드뭅니다. 테이커가 기버인 척 가면을 쓰고 등장할 확률이 높기 때문입니다. 이 때 라이프 인플루언서는 어리석은 기버가 아닌 현명한 기버가 되어야 합니다. 현명한 기버는 테이커에게 속지 않습니다. 테이커를 분별하고, 테이커가 속이려 할 때 똑같이 대응할 수 있는 매쳐가 되어 응징해 주기도 합니다. 착한 기버가 아닌 현명한 기버가 되어 테이커를 분별하고 응징하는 것이 진정한 라이프 인플루언서의 인맥관리인 것입니다.

성공한 사람들과 이야기를 나누다 보면 인맥 관리에도 나름의 명확한 원칙이 있음을 알 수 있습니다. 우리가 인간관계를 다져나가는 모습은 어떨까요? 여유 시간이 생기면 오랜 친구라는 이유로 같이 만나 남 험담이나 하거나 현실 한탄주의에 빠져 있지는 않은가요? 성공자가 되기 위해서는 인맥 관리에도 나만의 기준과 원칙을 두고 있어야 합니다. 실제로 제 경험에 의하면 테이커가 오히려 기버보다 더 잘 해 주는 것처럼 포장되어 있을 때가 많았습니다. 호의를 빌미로 처음엔 더 잘해 주고 노력하는 듯했지만 결국 마지막에 자신의 속내를 드러내고는 했습니다. 끝까지 한결같이 내 주변을 아름다운 관계의 향기로 채우는 사람들은 기버였습니다. 기버는 어떤 사람들일까요? 제 기준에서 최고의 기버는 예수입니다. 아무 조건 없이 사람들을 대신해서 자신의 목숨을 버린 참사랑이야말로 기버의 진정한 삶이라 생각합니다. 테이커가 자신의 최고 모습만을 포장해 드러내려고 한다면, 기버는 자신의 모습보다 타인에게 초점이 맞춰집니다. 기버는 타인에게 주는 도움에서 행복의 기준을 두고, 삶의 목적을 찾습니다. 기버는 본능적으로 타인의 행복함에서 자신의 기쁨을 느낍니다. 기버로서의 삶은 우리 내면의 숨겨진 고결한 본능이고, 숨겨진 성공의 사다리입니다.

직장을 그만두고 자기 계발의 인생을 시작했을 때 제 통장엔 흔한 아메리카노 커피 한잔 먹을 돈조차 없었습니다. 빈털터리 지갑만 들여다보며 "이 길이 맞긴 한 걸까?"란 생각이 하루에도 열두 번씩 내 머릿속을 괴롭혔습니다. 무섭고 두렵고 어떻게든 돈을 벌고 싶었습니다. 적어도 생존에 필요한 돈이라도 있었으면 좋겠다고 생각했습니다. 막무가내 생각으로 주변에 알고 지냈던 멘토분들에게 '돈 버는 방법'에 대해 알려 달라고 자문을 구했습니다. 제가 예상한 답은 이런 것이었습니다. 강의 스킬을 키운다. 더 많은 책을 읽는다. 고급스러운 옷을 입고 사람들을 만난다. 좋은 직장에 취직한다. 하지만 모두 틀린 답이었습니다. 가장 많이 들었던 말은 내가 가진 재능을 기쁜 마음으로 나눠 주라는 것이었습니다.

돈 버는 방법을 자문했더니 재능을 나눠 주라니… 이 무슨 뜬금포 같은 이야기인가? 하고 의아해했지만 지금 뒤돌아 다시 생각해 보면 멘토의 말은 철저히 기버의 삶을 선택하라는 것이었습니다. 먼저 줄 때 성공할 수 있다는 것을 멘토분들은 알고 있었던 것입니다.

기버의 삶은 나쁜 아니라 남도 이롭게 하면서 성공하는 최고의 성공 노하우입니다. **먼저 주는 삶은 지혜를 삶으로 실천하는 삶입니다. 최고의 성공학, 먼저 주는 사람이 되는 것!**

성공적인 관계는 내가 가진 무언가를 먼저 줄 때 열립니다. 그것이 지식이든, 재능이든, 열정이든, 물질이든 나눠 주고 그 자체로 기쁨을 느끼는 순간, 우리에게 보이지 않던 가까이에 숨어 있는 행복이 드러나고, 내 삶 속에 수많은 기버가 함께 어우러지는 기쁨을 맛보게 될 것입니다.

따라가지 않고 따르게 만드는
근거 있는 자신감 만들기

[인맥을 만드는 것보다 중요한 것]

시중에 출간된 성공학 책에 보면 인맥이 정말 중요하다는 말을 많이 합니다. 저도 성공의 사다리로 가는 과정에서 인맥은 아주 중요한 역할을 한다고 생각합니다. 단, 인맥 관리보다 훨씬 더 중요한 것이 있다는 사실을 알고 있다는 전제 하에 말입니다. 인맥 관리보다 중요하다고 생각하는 것은 '실력'입니다. 그 실력이라 함은 누구도 대체할 수 없는 존재가 될 정도의 압도적 실력을 말합니다. 저는 인간 심리에 관심이 많아 심리학책뿐만 아니라 철학책, 요즘 화두가 되고 있는 행동 경제학 책도 많이 보는 편입니다. 타인의 마음을 이해하기 위한 목적으로 읽었던 책들이 하나하나 쌓이니 결국 제 인사이트를 높여 주는 마중물이 되었다는 것을 알 수 있었습니다. 사람들은 누구나 이기적인 존재이므로 결국 황금인맥을 만들려 해도, 내가 좋은 사람, 필요한 존재가 되지 못한다면 오래가지 못하는 모래성 인맥만 될 뿐입니다. 그와 반대로 내가 먼저 실력을 쌓고, 누구에게나 필요한 존재가 된다면 굳이 내가 인맥을 쌓으려고 노력하지 않아도 사람들이 먼저 나를 찾게 됩니다. 이미 나는 누군가에게 필요한 존재가 되었기 때문입니다. 즉 내가 실력이 쌓이면 실력이 있는 사람들과 어울릴 수 있는 사람이 되는 것입니다. 인맥을 만들려고 시간을 쓰는 대신 내 실력을 쌓는 데 시간을 더 투자하고 내 실력을 점점 업그레이드하다 보면 어느새 새로운 인연과 만날 수많은 접점에 놓인 나 자신을 발견할 수 있습니다. 인생을 살아가는 실력은 내 삶을 더욱 풍요롭게 할 뿐만 아니라 타인에게 도움이 되는 멋진 사람으로 변화되는 이기적 이타주의의 삶이자 라이프 인플루언서가 항상 추구해야 하는 삶의 기준입니다.

[누구도 대체하지 못할 존재가 되는 법: 실력으로 말하라]

저는 사람들을 관찰하는 것을 좋아하는데 가끔 어떤 사람들을 보면 "이번에 독서 시작했어요. 얼마 전 유튜브 시작했어요" 하며 다른 사람들에게 자신의 상황을 전하는 모습을 많이 보았습니다. 물론 나 혼자만 알고 있는 것보다 실행해서 남에게 공개 선언하면 실천할 확률이 높아지는 것은 사실입니다. 사람은 인지부조화를 좋아하지 않기 때문에 말한 것을 실천해야 조화로운 사람이 된 것처럼 생각한다고 합니다. 그렇기 때문에 최대한 스스로 자신이 말한 것을 지키려고 노력하려는 의식을 합니다. 그런데 조금 시간이 흐른 후에 다시 물어보면 "시작은 했는데 왜 이렇게 유지가 어렵죠?" 하며 멈추어 있거나 다시 원래대로 되돌아가 있는 자신에 대해 마치 한탄이라도 하는 듯 이야기하는 모습을 몇 번 보았습니다. 본래 인간은 안전지대(comfort zone)를 벗어나는 것을 두려워하거나 싫어하기 때문에 변화하는 것 역시 많은 에너지가 필요합니다. 그런데 제가 말하는 진짜 실력자는 공개 선언하는 사람이 아니라 결과로 증명해 내는 사람입니다. 실제로 진짜 내공이 있는 사람들은 자신의 실력이나 비전을 자신의 입으로 말하고 다니지 않습니다. 그들은 남이 알아주지 않아도 자신의 실력을 결과로 만들어 내는 데 능숙한 사람들이기 때문입니다. **진짜 실력자는 자신의 행동으로 말하고, 결과물로 자신의 실력을 증명합니다.** 그들은 사람들이 주목하는 순간은 말하는 순간이 아니라 결과로 이야기할 때라는 사실을 잘 알고 있습니다. 진짜 실력자는 결과로 증명해 냄으로써 말로만 하는 온갖 미사여구에 능한 말만 잘하는 사람들과는 차원이 다른 면모를 보여 줍니다. 결과야말로 나 자신도, 남도 속일 수 없는 진짜 실력 중의 실력인 셈이죠. 여러분의 실력은 말이 아닌 결과가 증명해 줄 것입니다. 말로 하는 대신 결과로 여러분의 실력을 증명해 보는 것은 어떨까요? 여러분이 증명해 낸 결과물, 즉 결과로 말하는 실력을 갖추는 것만이 누구도 대체하지 못하는 사람이 되는 유일한 길입니다.

[실력의 기본은 소양과 상식]

대학에 다닐 때는 교양과목이 대체 왜 필요한 것일까? 늘 의문이었는데 인생을 살다 보니 기본적 소양과 상식이 통하지 않는 사람들과는 기본적인 대화조차 나누기 힘들 때가 있다는 것을 느낀 적이 종종 있습니다. 특히 병원이나 공공기관에서 어린아이처럼 생떼를 부리는 사람들을 가끔 보게 되는데 그럴 때는 어쩔 수 없이 그들의 기본 소양과 상식을 의심하게 됩니다. 기본 소양과 상식이 없으면 대화조차 꺼려지게 되고, 같이 있으면 불편해질 때가 많습니다. 말을 잘하는 어떤 사람과 한참 대화를 나누다가 다 지나고 보면 뭔가 '교양이 없다'라는 느낌을 받을 때가 있습니다. 교양을 갖추고, 상식을 갖추는 것은 특별한 사람만 할 수 있는 것이 아니라 누구나 아주 보편적이고, 쉽게 쌓을 수 있는 것입니다. 소양은 스스로를 품격 있는 사람으로 만들 줄 아는 능력이고, 상식은 상대방과 소통할 수 있는 이해범위 안에 자신을 놓아 둘 수 있도록 만드는 교차점입니다. 아무리 지식이 가득 차도 소양과 상식을 갖추지 않으면 그 사람에 대한 도덕적 의심이 지적 교양을 넘어서게 됩니다. 반대로 소양과 상식을 기본으로 갖추고 있으면 지적이기까지 한 사람이 되는 것은 일순간입니다. 기본 소양과 상식은 일상생활에서 조금만 호기심 어린 관점으로 본다면 누구나 쉽게 익힐 수 있습니다. 소양을 갖춘 사람들은 기본적으로 하지 않아야 할 것과 해야 할 것을 명확히 구분할 줄 압니다. 소양과 상식을 갖추지 않고 쌓은 실력은 결국 진짜 실력이 아닌 것입니다.

태양과 바람의 시합 이야기 이솝우화 아시죠? 태양과 바람은 나그네의 옷을 누가 더 빨리 벗기나 내기를 했고, 바람은 아주 자신만만하게 자신이 이길 수 있다고 떠들어대며 강한 바람을 내뿜었습니다. 바람에 옷이 벗겨질 것이라던 바람의 말과는 달리

추위를 견디지 못한 나그네는 움츠리며 옷을 더 여미고 움츠러들었습니다. 반면, 태양은 말없이 묵묵히 자신이 가장 잘할 수 있는 따스함을 나그네에게 선물했습니다. 따뜻함을 느낀 나그네는 그제야 안심이 된 듯 자신의 외투를 벗었습니다. 결국 태양은 결과로 증명한 셈입니다. 태양과 바람, 누가 더 현명할까요?

돈 되는 네트워크 활용법

[진실 혹은 거짓]

하루에도 수십 번 울려대는 스마트폰과 함께 이제 New 세상이 되었습니다. 굳이 오프라인으로 이동하거나 발품을 팔지 않아도 더 쉽게, 더 방대한 양의 정보들을 접할 수 있습니다. 언제 어디서든 검색 창에 내가 궁금해하는 것을 입력할 수 있고, 다양한 앱을 통해 더 체계화시킬 수 있으며 원한다면 글로벌 세계의 정보까지도 알아낼 수 있는 세상입니다. 그런데 문제는 많은 지식과 정보를 빠르게 접할 수 있는 효율성을 지닌 스마트폰 속에는 샛길로 빠지게 유혹하는 메시지 지뢰밭들이 존재한다는 것입니다. 맛집 하나 검색하려고 해도 수많은 맛집이 함께 검색되니 정보과부하에 걸립니다. 심지어 그 맛집은 진짜 맛집일까? 하는 의구심까지 듭니다.

일 년 전 가족과 함께 유명 관광명소에 놀러 갔다가 맛집 명소에 들리기 위해 스마트폰에 검색을 시작했습니다. 다행히 근처 맛집을 검색하니 TV에 나온 빵집으로 아주 유명한 곳이 있다고 해서 빵을 좋아하는 우리 가족은 기쁜 마음에 그 빵집으로 발걸음을 향했습니다. 가격을 보니 저렴하진 않았지만 배가 고팠던 터라 이것저것 쟁반에 담아 계산을 하고 기대에 부푼 마음으로 빵을 한 입 베어 물었습니다. 그 순간, 맛집이라는 호칭이 무색해질 정도로 굳은 빵에 우리 가족은 말없이 서로의 눈으로 모든 느낌을 이야기하고 있었습니다. 몇 번 검색에 대한 신뢰가 깨지는 경험을 하다 보니 이제는 지방에 가더라도 맛집이 아닌 검증된 프랜차이즈에 가서 식사를 하게 됩니다.

디지털 미디어 시대에 온라인에서 정보를 알아내는 것은 당연한 일이지만 정보를 찾을 때 주의해야 할 점이 있습니다. 첫째, 정보의 샛길로 새지 않기 위한 의도적 메시지 차단입니다. 온라인 대부분이 정보를 줄 때 메시지 폭탄 속에서 사람들의 클릭을 유도하기 위해 제목이나 썸네일에 자극적 메시지를 담아냅니다. 의식하지 않고 정보를 찾다 보면 자연스레 더 자극적이고 흥미를 유발하는 제목으로 이끌려 갑니다. 그러니 원하는 것의 정보만 찾겠다는 확실한 목적의식을 갖고 검색해야 합니다. 반대로 정말 진실하게 좋은 정보를 전할 목적으로 쓰인 글은 사람들의 눈에 잘 띄게 하기 위해 제목을 확 끌리는 메시지로 함축하여 전해야 합니다. 마땅히 좋은 글이야말로 더 많은 사람들이 볼 수 있게 예쁘게 포장되어 있어야 합니다. 둘째, 나만의 좋은 정보 기준을 마련하기입니다. 쏟아지는 메시지 폭탄 속에서 잘못된 정보에 노출되면 우리의 시간, 기회비용 등 많은 것들을 낭비하게 됩니다. 온라인으로 쉽게 정보를 접할 수 있는 대신 질 좋은 정보를 선별하는 능력이 필요합니다. 저만의 노하우는 네이버 블로그에서 너무 길고 자세하게 전문가처럼 쓰인 후기는 한 번쯤 의심합니다. 실력으로 검증된 것이 아닌 전문 마케터가 투입되어 정보를 포장하고 후기를 노출시키기도 하기 때문입니다. 또 하나 주기적으로 업데이트된 정보가 아닌 일시적 업데이트가 되어 있으면 고객의 손길보다는 광고 전문가에 의해 만들어진 정보일 수도 있겠다는 생각을 합니다. 물론 처음부터 의심의 눈초리로 바라보는 것은 좋은 일이 아니지만 합리적, 비판적 사고를 통해 진실과 가짜를 구분해 보는 연습은 필요합니다. 한 길 물 속은 알아도 열 길 정보속은 100% 진실인지 모르는 세상이니까요.

[소비에서 투자로! 플랫폼 생산자]

뜬금없는 이야기지만 여러분은 부자가 되고 싶으신가요? 부자가 되기 위해 중요한 것은 무엇일까요? 제가 생각하는 부자가 되는 방법은 현명한 투자가가 되는 것입니다. 소비만 해서는 절대 부자가 될 수 없습니다. 삶에 대해 이야기하다가 갑자기 웬 부자 이야기? 하고 생각하시는 분도 계시겠지만 시공간을 뛰어넘는 세상, 즉 온·오프라인 시대를 동시대에 살고 있는 우리는 온라인에서도 부자가 될 수 있는 현명한 투자자가 되어야 합니다. 온라인에서 투자자로 사는 방법은 지식의 소비자가 아닌 플랫폼 생산자가 되는 것입니다. 쉽게 예를 들어 1인 미디어 시대를 급격하게 앞당겨 준 것이 SNS입니다. 유튜브, 인스타, 페이스북 등 우리는 자신의 플랫폼을 스스로 감독하고 기획하고 심지어 주연의 역할까지 해 가며 플랫폼 생산자로서의 삶을 살 수 있습니다. 거대한 플랫폼으로 성장시키는 것도 중요하지만, 나만의 플랫폼으로 '어떤 가치를 전달할 것인가' 역시 중요합니다. 가치의 유무에 따라 꾸준하게 성장하느냐, 일시적 성장에서 멈추느냐가 결정되기도 합니다.

[인맥 품앗이]

무료 문자의 혁신을 일으킨 카카오톡이 개발되면서부터 일상 연락은 문자보다 카카오톡으로 더 많이 합니다. 카카오톡을 묶으면 그룹 채팅방이 됩니다. SNS에서의 모임은 단순한 사교의 목적이 아니라면 목적이 반드시 있어야 합니다. 저도 약 2년여 전부터 봄소풍방이라는 오픈 채팅방을 개설해서 운영 중에 있습니다.

얼마 전 온라인 지식 생산자 플랫폼 독서 모임을 운영 중인 대표님을 만났습니다. 그분은 직장에 다니시면서도 토요일 새벽 5시 반에 오프라인 독서 모임과 온라인 독서 모임을 번갈아 가며 진행하고 계셨습니다. 그분께 여쭤 보니 자신의 오픈 채팅방에는 약 1,000명 가까운 사람들이 함께한다고 했습니다. 깜짝 놀라서 그 비결을 여쭤 보았더니 그분의 비법은 바로 인맥 품앗이를 하는 것이었습니다. 자신과 인연이 된 SNS 인맥들이 서로 만든 카카오톡 플랫폼마다 매주 월요일 꾸준히 독서 모임 소식과 함께 자신의 플랫폼 링크를 공유했더니 서로 플랫폼을 타고 들어와 현재의 인원이 되었다고 했습니다. 순간 얕았던 제 생각을 반성하게 되었습니다. 다른 사람들이 애써 구축한 플랫폼에 혹시나 소음이 되지 않을까 염려되어 스스로 나만의 플랫폼만을 천천히 구축해 나가자! 하고 생각했던 저의 짧은 생각이 부끄러워 졌습니다. 지식 플랫폼 생산자 대표님과 대화를 나누면서 그야말로 발상의 전환이 된 것이죠. 대표님과의 미팅 후, 부지런히 온라인 플랫폼 생산자분들과도 인맥을 구축해 두는 것이 중요하겠구나! 하는 생각을 하게 되었습니다. 연결된 세상에서 연결고리를 활용하는 것은 지혜로운 활용법이라는 생각을 해 봅니다. 물론 나만의 플랫폼도 멋지게 가꿔 가면서 품앗이 해야하는 것은 당연하겠죠? 조금씩 나만의 플랫폼을 구축하면서 연결고리를 이어 나가 보는 것은 어떨까요?

내 인생, 진짜 나를 찾고 있나요?

[배우는 자 VS 실행하는 자]

성공에 관한 책을 보면 무엇이든 배움을 멈추지 말라는 조언이 많이 나옵니다. 그런데 저는 배우는 자 위에 실행하는 자가 있다고 생각합니다. 배우는 것은 머리에 채우는 것이지만, 실행하는 것은 채워진 것을 덜어 내는 겸손함입니다. 배우기만 하는 사람은 비워 내지 못해 타인보다 자신이 우쭐한 줄 알지만 실행하는 사람은 모든 배움을 숙달하는 과정이 어렵다는 사실을 알기에 절로 인생을 품을 줄 압니다. 저는 배움을 멈추지 말라는 조언과 함께 평생 실천을 멈추지 말라는 말도 함께 드리고 싶습니다. 배움과 실천이 적절히 조화될 때 생각지도 못했던 상승효과가 이뤄지기도 합니다. 그런 의미에서 삶이 달라지기 위해 가장 빠르고 중요한 길은 이미 성공한 사람들의 방법을 찾아 실행해 보는 것입니다. 저도 책에서 거장들의 이야기를 접하면 최소한 개 이상 삶에 적용하고 실천해 보려고 노력합니다. 또 직접 책을 써 보니 책을 읽고 지식을 채우는 것보다 좋은 책을 써내는 것은 훨씬 더 어렵다는 것을 알게 되었습니다. 라이프 인플루언서로서 영향력을 펼치는 것도 좋지만 때로는 앞서 나간 분들의 도움을 요령껏 받을 수 있는 것도 지혜입니다. 그럴 때 멘토의 도움을 빌릴 수 있다면 적극 질문하고 도움을 요청해 보는 건 어떨까요? 모든 사람의 인생은 이끌어 줄 코치가 필요합니다. 실행하는 인생은 수, 파, 리의 단계가 있습니다. 수(守)의 단계는 멘토의 사고법, 멘토의 행동요령까지 배우고 익히는 시간입니다. 파(破)의 단계는 멘토의 배움을 자신만의 스타일대로 바꿔서 실행해 보는 것입니다. 배우고 익힌 것을 변형해 보고 창작해 보는 단계죠.

리(離)의 단계는 멘토의 곁을 떠나 배운 가르침을 토대로 독자적으로 발전시키는 단계입니다. 수, 파, 리의 3단계를 거치려면 반드시 배움뿐 아니라 실행이 동반되어야 합니다. 여러분은 배움에 그치는 사람인가요? 배움을 뛰어넘는 실천가인가요?

[가장 위험한 감정 4가지]

매일의 일상이 같은 듯 같지 않듯 우리 감정도 때로는 파도에 흔들리는 배처럼 부딪히고 깨지며 성장해 나갑니다. 리더십의 대명사 존 맥스웰은 리더라면 '감정'을 잘 다룰 줄 알아야 한다고 했습니다. 감정을 잘 다루는 능력을 갖추면 사람들에게 언제나 일정한 사람이라는 신용을 안겨 줄 수 있습니다. 사실 감정은 우리가 만든 장애물에 의해 만들어집니다. 물이 담긴 컵을 보고도 '반밖에 없네'라고 생각하는 사람과 '반이나 남았네'의 시선이 다르듯 어떤 시야를 갖고 있느냐가 결국 어떤 사람이 되느냐의 핵심이기도 합니다.

그렇다면 우리가 알아야 할 부정적 시야를 갖게 하는 4가지 감정은 무엇일까요? 첫째는 조바심입니다. 빨리빨리에 집착할수록 조바심은 나의 감각세포를 망가뜨립니다. 조바심을 가진 사람 옆에 있으면 항상 불안하고 초조해집니다. 언제 터질지 모르는 폭탄과 같지요. 신기한 것은 빨리빨리를 외칠 때마다 우리 뇌는 이성적 사고로부터 멀어져 간다는 사실입니다. 그러니 바쁠수록 조금 더 여유로워지는 것은 어떨까요? 둘째는 혼란입니다. 코로나 시기, 우리 모두는 대혼란에 빠질 수밖에 없었죠. 미래가 어떻게 펼쳐질지 모르기도 하고, 백신도 없어 특별한 대안을 찾을 수 있는 것도 아니었습니다. 거리 두기만이 코로나가 우리 곁을 떠나게 하는 유일한 방법이었습니다. 그러나 혼란 속에서도 대안은 늘 존재합니다. 마음의 혼란이 찾아올 때는 어떤 이유 때문인지 종이에 내 생각을 끄적여 보면 좋습니다. 아무 생각 없이 내 생각을 나열해 나가다 보면 어느새 차분해지는 것을 느낄 수 있답니다. 셋째는 두려움입니다. 두려움은 자신감 부족에서 옵니다. 두려움 대신 용기를 갖게 할 유일한 방법은 나를 사랑하는 것입니다. 두 손을 가슴 위에 포개고 '나는 나를 사랑한다'라고 말해주세요. 어느새 달아난 두려움 대신 용기가 내 안에 둥지를 틀게 될 것입니다. 마지막으로 분노입니다. 플라톤은 화는 사라지지 않는다고 했습니다. 화를 내는 동시에 상대방에게 옮겨 붙습니다. 화를 내면 낼수록 더 약자를 향해 우리의 분노는 전염됩니다. 분노는 왜 생기는 것일까요? 여러 가지 이유가 있겠지만 저는 나의 기준만을 중시하기 때문이라고 생각합니다. 나와 남은 달라도 한참 다릅니다. 다름을 받아들이고, 헤아리고, 배려할 때 분노 대신 마음의 평화가 찾아옵니다. 우린 인생이라는 긴 여행을 하고 있습니다. 목적지가 한참 멀었는데 감정이 들쑥날쑥하다면 오래가지 못해 지치고 말 것입니다. 인생의 여정이 아름다운 이유는 자신의 내면까지 돌볼 줄 아는 진짜 어른이 될 수 있는 시간이 충분하기 때문입니다.

[나를 위한 영끌 테크]

경기가 어려워질수록 붐이 일어나는 것이 재테크입니다. 투자에 조금이라도 관심이 있는 분이시라면 자산관리에 관한 공부 후 투자를 직접 경험해 보았을 것입니다. 워런 버핏이 가장 중요하게 생각했던 투자 원칙 중 하나는 '원금을 잃어버리지 않는 것'이었습니다. 모든 투자에는 리스크가 존재하지만 유일하게 원금 유지는 물론 복리까지 어마어마한 영끌 테크가 있습니다. 바로 나에게 하는 투자입니다. 모든 사람들의 미래가치는 현재 얼마나 성장에 투자하느냐에 따라 달라집니다. 세상의 그 어떤 것도 시간과 노력의 투자 없이 공짜로 얻어지는 것은 없습니다. 길가에 핀 꽃도 결국 태양과 벌들의 노력에 힘입어 아름다운 생명력을 내뿜습니다. 여러분은 투자의 기준이 있나요? 저는 자신에게 하는 투자야말로 영끌 테크를 해야 한다고 생각합니다. 투자에 성공하려면 가치투자의 기준이 필요하듯 저도 기준을 제시해 볼까 합니다. 이 기준은 '사람은 무엇으로 성장하는가'의 책을 참고로 만들었습니다.

- 나는 나 스스로를 조건 없이 사랑하고 있는가?
- 나는 내 성공을 바라는가?
- 나는 나에게 적합한 질문을 던지고 있는가?
- 나는 어떤 마음으로 배움을 지속하는가?
- 나는 매일 전진하고 있는가?

이 다섯 가지 질문에 모두 yes로 대답할 수 있다면 여러분은 지금 즉시 나 자신에게 영끌 테크를 해야 합니다.

많은 사람들이 자신을 과소평가한다고 합니다. 우리 자신은 사실 숨은 가치가 어마어마하게 큰 투자처입니다. 사업체가 하나 매각될 때마다 숨은 자산가치를 평가하듯 우리 삶도 그렇게 투자되어야 하고, 가치 발굴에 힘써야 합니다. 오늘은 내 안의 어떤 종목에 투자하시겠어요?

유니크한 매력 부자로 가는 길

[모두가 디자이너가 되는 시대]

아주 어렸을 때는 미술이 좋았습니다. 크레파스 하나만 주어져도 잘 그리든 못 그리든 마음껏 표현할 수 있었으니까요. 집에서 긴 달력 한 장 쭉 찢어 뒷면에 그리고 싶은 상상의 세계 속 나래를 펼치다 보면 시간 가는 줄도 모르고 달력 한 장을 꽉 채워나갔던 기억이 납니다. 초등학교 6학년쯤 되었을 때, 점점 미술시간에 답답함을 느꼈습니다. 더 정제된 그림, 틀에 맞춰진 색, 주제에서 조금이라도 벗어나면 깎이는 점수, 한정된 틀에 맞춰야하는 결과물… 말이 미술이었지, 저에게는 다양한 재료로 선생님이 원하는 것을 표현하는 시간에 불과했습니다. 성인이 되어 보니 어느 날 문득 "내 인생도 어쩌면 누군가 바라는 결과물대로만 살지 않았나?"라는 생각이 들었습니다. 제 삶에서 나다운 모습은 사라지고, 사회가 원하고 바라는 대로, 매일 똑같은 일상을 반복하고 있는 하루하루를 살아가고 있다는 생각 앞에 다다랐습니다. 그러다 문득 이대로 계속 살다 보면 초등학교 미술시간에 느꼈던 답답함이 또다시 인생 안으로 성큼 들어와 버릴 것 같은 두려움과 안타까움 같은 감정들이 제 마음속에 휘몰아치기 시작했습니다. 그 순간 한 문구를 발견하곤 제 인생의 운전대 방향을 틀었습니다. 그 문구는 취향을 설계하는 마쓰다 미쓰히로가 말한 "모두가 디자이너가 되는 세상"이라는 문구였습니다.

디자인 하면 아름답게 색을 입히고, 모양을 만드는 미술인의 영역인 듯하지만, 우리 자신도 내 인생을 창조해 나가는 인생 디자이너들 입니다. 인간에게 가장 소중한 능력 한 가지를 뽑아 보라 한다면 저는 단연코 창조적 능력을 뽑고 싶습니다. 주변에 보이는 모든 것은 누군가의 생각, 즉 누군가의 창조에 의한 상상의 결과물입니다. 내 삶, 내 마음 모든 것을 창조할 수 있는 위대한 인생을 살고 있는 우리는 어떻게 디자이너가 될 수 있을까요?

[삶 디자이너로 향하는 길]

모두가 디자이너가 되는 시대, 어떻게 내 삶을 디자인할 수 있을까요? 저는 내 삶을 디자인하기 위해 2가지가 반드시 필요하다고 생각합니다. 첫째는 내 삶에 아름답게 채색을 하고, 모양을 반죽할 수 있는 '꿈'입니다. 저는 꿈에 대한 기준이 명확합니다. 제가 말하는 꿈은 '이루고 싶어서 상상하는 것'이 아닌 '이루기 위해 만들어진 목표'입니다. 꿈을 꾸고 있다는 것 자체가 이미 목표가 설정되었다는 것이고, 상상을 통해 실제적 창조까지 이룰 수 있다는 증거입니다. 여러분은 어떤 꿈을 갖고 살고 있나요? 어떤 사람이든 내 속에 꿈틀거리는 꿈은 반드시 있기 마련입니다. 그 꿈의 정체가 아직 불확실해서 궁금하다면 반드시 제가 말씀드리는 두 번째 인생 디자이너 필수템을 실행해야 합니다.

둘째는 바로 '성장'입니다. 연예인 중 코디가 아무리 최고의 의상을 준비하더라도 미스 매치라는 인상을 주면 시상식 의상은 바로 '워스트 드레서'가 됩니다. 마찬가지로 아무리 멋지고 큰 꿈을 꾸더라도 내가 그 꿈을 이뤄 나갈 그릇이 되지 못하면 '워스트 드리머 디자이너'가 되는 것은 당연한 수순입니다. 성장은 삶을 디자인 하고 꿈을 실현하는 사람들의 필수 인생관리법입니다. 매 순간, 매일, 매주, 매달, 매년이 달라지는 사람의 꿈이 어떻게 꿈으로만 남을 수 있을까요? 삶 디자이너가 되어 인생을 변화시켜 가는 사람들에게 주어진 꿈은 악몽이 아닌 해몽일 수밖에 없습니다. 저는 현재 약 5장의 꿈 리스트를 갖고 있습니다. 제 꿈이 5장이나 되는 이유는 이미 이룬 꿈들이 조금씩 늘어나고 있기 때문입니다. 꿈이 하나씩 실현될 때마다, 또는 갑자기 좋은 아이디어 가득한 꿈이 생각날 때마다 새로운 꿈을 업데이트하다 보니 5장이나 되었네요. 앞으로 50장이 될지, 500장이 될지, 모를 일이지만 저는 꿈 부자로 사는 것이 너무나 행복합니다. 꿈꾸고 실행하는 것이 식상하다고 터부시한다면 여러분의 인생은 누군가 원하는 결과물대로 변형되어 있을지도 모릅니다. 내 인생의 매력적 디자인을 입히고 싶다면 이루고 싶은 꿈을 적어 보세요. 그리고 그것을 매일 보고 이루겠다고 적어두고 선언하세요. 얼마 안가 이루어진 꿈을 보고 깜짝 놀라시면 안 돼요. 아셨죠? 그럼 바로 꿈 리스트 적으러 고고!

[유니크한 매력 Point]

요즘 초등학생들에게 아주 핫한 유튜버가 있죠. 흔한 남매입니다. 저희 집 큰아이는 매주 주말 서점에 가는데 가장 큰 목적이 흔한 남매 시리즈 책이 나왔는지 보러 가는 것입니다. 이뿐만 아니라 동영상은 물론, 집에서 심심할 때면 흔한 남매 책을 몇 번이나 재독합니다. 저도 가끔 아이를 따라 유튜브를 보는데 흔한 남매의 케미가 돋보입니다. 유튜브 콘텐츠는 물론 재미까지 담았으니 사람들의 이목을 끌어내는 것은 당연하겠지요? 흔한 남매의 유니크함이 한동안 지속될 테니 많은 초등학생들과 사람들에게 흔한 남매의 인기는 계속될 것입니다.

저 또한 저희 교육 연구소에 오시는 고객분들께서도 저희만의 특별한 유니크함이 있다고 자주 말씀해 주십니다. 그 유니크함이란 뭘까? 고민을 많이 했는데 제가 내린 결론은 '사람들의 시선을 머물게 하고 이끌어 내는 능력'이 아닐까? 하는 생각이 들었습니다. 흔한 남매도 실제로는 연인 사이이지만 남매 콘셉트라는 새로운 브랜딩을 통해 서로의 매력을 한껏 발산했기에 사람들의 시선이 머무를 수 있었습니다. 흔한 남매 뿐만 아니라 얼마 전 1위를 했던 드라마 '싸이코지만 괜찮아'라는 드라마 역시 감정이 없는 사람을 사이코라 지칭하며 아름다운 외모의 배우 서예지 씨를 통해 독특한 유니크함을 만들어 시청자들로 하여금 최고의 몰입을 이끌어 냈습니다. 드라마상에서 감정 표현을 할 줄 모르는 여자와 감정을 읽는 남자의 독특한 러브라인 관계도 재미를 한층 업그레이드해 줍니다. 이렇게 **사람들의 이목을 끄는 것들에**

는 **독특하고 유니크한 매력이 존재**합니다. 내 삶에서 보여 줄 수 있는 나만의 매력은 무엇이 있을까요? 남들은 갖고 있지 않은, 나만의 매력적인 느낌을 완벽히 살릴 수 있는 그런 매력. 이 글을 쓰며 제 매력 포인트를 찾아보았습니다. 저는 나이를 떠나 항상 언니같이 따뜻하고 믿음직한 면을 꼽았습니다. 그래서 저에게는 항상 고민 상담을 오시는 분들이 끊이지 않는답니다. 고민에 대한 해답은 늘 비전을 보여 주는 것으로 대신합니다. 제 매력은 이 비전을 보여 주고 실행해 나가는 힘에 있는 것 같습니다. 여러분 내면에 숨겨진 독특한 매력을 찾아보세요. 내 인생 '숨은 매력 찾기' 재미가 쏠쏠해집니다. 같이 찾아볼까요?

[유니크한 매력 부자로 가는 질문 5가지]

1. 사람들이 나에 대해 호기심 또는 재미, 매력을 느껴 관심을 가진 적이 있다면 언제인가요?
2. 내가 생각하기에 나의 매력 포인트는 무엇인가요? (많이 적을수록 좋아요.)
3. 내가 매력 있다고 생각하는 것들에 대해 적어 보세요. (사람, 브랜드, 방송 프로그램 등)
4. 사람들이 나를 바라보는 이미지는 어떤 이미지인가요?
5. 내가 누군가와 가장 비슷하다고 생각하나요? (되도록 방송인이나 위인, 기업가 등 누구나 알 수 있는 사람 중 찾아보세요.)

위 질문을 토대로 나의 매력적 모습을 상상하며 적어 보세요.

보이지 않는 것을 보이게 만드는 힘

[꼭꼭 숨어라, 머리카락 보인다]

요즘은 사라진 전봇대 기둥, 두 손으로 전봇대에 포개고 얼굴을 묻은 채 열을 세고 나면 친구들은 이미 어딘가로 숨어 버리곤 했습니다. 이리저리 찾아봐도 아무도 보이지 않을 땐 두 눈을 감고 온몸의 감각을 깨워 소리에 집중했습니다. 바스락거리는 소리, 익숙한 친구의 숨소리를 느껴 본 후 그곳에 가면 어김없이 친구들을 발견하곤 했습니다. 숨바꼭질은 언제 해도 매력 있는 놀이였습니다. 전봇대 기둥이 사라져 숨바꼭질 놀이도 함께 사라질 때쯤 새로운 공간에 숨바꼭질 놀이가 생겨났습니다. 그 공간엔 전봇대도 없고, 두 눈을 감아도 소리가 들리지 않아 숨어 있는 사람을 찾기도 쉽지 않은 곳입니다. 숨어 지내기 딱 좋은 그곳은 온라인 공간입니다. 온라인은 누구나 초고속 인플루언서가 되는 재미있는 공간이기도 하면서 어떤 사람에게는 은밀한 숨바꼭질의 세상이 되기도 합니다. 알고리즘에 따라 움직이는 온라인 특성상 다양한 개성을 가진 사람들과 인연이 되고, 자신과 가치관이 맞는 사람들과도 새로운 친구가 되어 더 많은 연결점을 가질 수 있지만 그 이면엔 그 점을 이용해 사람들을 맹목적으로 비난하는 사람들도 있습니다. 특히 누군가 자신의 기준에서 마음에 들지 않으면 숨어서 비난하는 것을 즐기기도 합니다. 그러나 온라인이 아무리 거대한 숨바꼭질의 세상이라고 해도 계속 숨어 있을 수만은 없습니다. 온라인에도 결국 나의 숨결이, 나의 흔적들이 녹아들기 때문입니다.

[새로운 아바타가 연결되는 공간]

거울이 여러 면에 달린 엘리베이터를 타면 신기한 경험을 할 수 있습니다. 거울을 뚫어지게 쳐다보면 미로 속에서 똑같은 내 모습이 수십 명 서 있는 것처럼 보입니다. 저는 온라인도 이 거울효과가 일어난다고 봅니다. 내가 남긴 글 하나, 사진 한 장이 매 순간 나의 새로운 아바타를 창조하고 있는 겁니다. 우리가 평판을 관리하고 쌓아 멋진 사람이 되는 것처럼 온라인 공간도 나의 연결된 세상이므로 이미지를 관리해야 합니다. 보이지 않는 곳까지 관리할 줄 아는 사람이 사회지능 점수도 높은 사람입니다. 나의 아바타를 어떤 아바타로 만드느냐에 따라 그와 비슷한 수준의 사람들이 나에게 찾아옵니다. 우리 모두는 연결된 세상에 살고 있고, 언젠가 한 번쯤은 만날 수 있다는 사실을 알고 있다면 오늘 온라인 공간에 만들어진 내 아바타도 멋지게 꾸며 줄 수 있어야 합니다.

온라인 아바타의 진정성은 어디서 나오는 것일까요? 첫째는 말과 글에서 나옵니다. 글은 살아 있는 생명처럼 듣고, 읽는 사람의 생각에 영향을 미칩니다. EBS 영상 중 '욕의 반격'이라는 영상을 보면 욕을 하는 사람과 듣는 사람 모두에게 치명적이라는 사실을 금방 알 수 있습니다. 우리가 한 번 뱉어 낸 말은 다시 주워 담을 수 없기에 나와 타인에게 조금이라도 해가 된다고 생각된다면 안 한 것만 못한 것이 되는 것입니다. 글도 마찬가지입니다. 글에도 그 사람의 향기가 납니다. 그 사람의 글을 보면 그 사람의 생각을 느낄 수 있고 마음도 느낄 수 있습니다. 글에는 그 사람의 온도가 담겨 있고, 독특한 향기가 담겨 퍼져 나가는 힘이 있습니다. 그러므로 건전한 비판 글, 타인에게 좋은 영향을 주는 글과 같은 항상 36.5도 이상의 글을 써 보면 어떨까요?

둘째로는 연결된 사람들에게서 나옵니다. 그 사람이 만나는 다섯 사람을 보면 그 사람의 평균이 나온다는 말이 있습니다. 사람은 자신과 비슷한 에너지를 가진 사람들에게서 편안함을 느끼게 되므로 같은 느낌의 에너지를 가진 사람들과 자주 어울립니다. 서로 연락을 주고받는 사람들이나 덧글에 적힌 사람들, 온·오프라인을 통해 만남을 갖고 있는 사람들을 보면 그 사람 내면의 아바타가 보입니다.

셋째로는 그 사람의 손길이 묻어난 공간에서 나옵니다. 눈 길 위에 누군가 지나가면 발자국이 남듯 온라인 세상에서도 그 사람이 드나든 공간, 구축한 공간에는 그 사람만의 독특한 흔적이 남습니다. 자주 쓰는 색을 보아도, 자주 애용하는 시간을 보아도, 만들어 놓은 외부 디자인을 보아도 그 사람만의 공간에서는 발자국이 남습니다. 그 발자국이 만들어 놓은 아바타 외모입니다.

우리는 몇십 명, 몇백만 명, 몇천만 명의 아바타를 창조할 수 있습니다. 아바타의 개수를 늘리는 것도 중요하지만 어떤 아바타를 만들어 가느냐는 훨씬 더 중요하지 않을까요?

[평판이 전부다]

얼마 전 TV 뉴스를 보니 한 유명인이 학교 폭력 가해자란 사실이 밝혀져 더 이상 유명세를 타지 못하고 추락하는 모습을 보았습니다. 뿐만 아니라 여전히 지속되고 있는 미투 운동, 혼잣말로 했던 좋지 않은 말들이 누군가의 스마트폰에 포착되어 공유된 후 애를 먹은 막말 사건 등을 자주 접하게 됩니다. 초연결된 사회, 더 이상 우리는 포장된 채 살아갈 수 없습니다. 그 말인즉, 내가 오래전 했던 과오조차도 투명하게 공개될 수 있는 세상에 살고 있다는 뜻입니다. 누구나 실수는 할 수 있지만, 그 실수를 마냥 숨길 수 없는 시대가 온 것 입니다.

반대로 동시에 외모가 뛰어나고 특별한 재주를 갖춘 정형화된 사람만 인플루언서가 되는 것은 아닙니다. 어느 누구라도 많은 사람들에게 자신의 가치를 알릴 수 있는 주인공이 될 수 있는 기회를 갖고 있는 시대이기도 합니다. 그렇기 때문에 누구나 자신의 이력을 관리해야 하고 평판도 관리해야 합니다. 언제, 누가 인플루언서가 될지 모르기 때문이죠. 모두 똑같은 출발선상에서 출발해 인플루언서가 될 순 있지만 평판을 갈고 닦지 않은 사람들은 오히려 인플루언서의 자리가 독이 되어 되돌아올 수 있다는 사실은 이미 많은 뉴스나 기사 사례를 통해 알 수 있습니다. 평판은 우리의 성공을 오랜 시간 유지시켜 줄 마중물입니다. 평판이 쌓이는 길에는 여러분의 노력이 담겨 있고, 소중한 시간들이 쌓여 있습니다. 평판을 지키기 위해서라도 오늘 하루 진실의 가면을 쓰고, 부단히 삶을 갈고 닦는 하루를 만들어야 합니다. 온라인 세상이 초연결된 지금 평판은 숨길 수도 숨을 수도 없는 곳곳에 스며들어 있습니다. 나를 온전하게 지켜내는 힘! 좋은 평판의 아이콘이 되세요.

한 줄의 존재감

[한 줄에 100년이 담긴다]

연구소에서 사업가를 위한 강의를 유튜브로 만들 때 가장 많이 고심했던 것은 기획안도 아니고, 장비도 아니고, 장소도 아닌 썸네일이었습니다. 어떻게 하면 끌리는 제목으로 클릭을 이끌어 낼 수 있을까? 이 영상을 보기만 하면 정말 사업에 많은 도움이 될 텐데… 고민하고 몇 번을 적었다 지웠다를 반복하다 보면 마음에 드는 한 구절이 나옵니다. 내가 마음에 드는 구절은 역시 조회 수도 높아집니다. '그런데 뭔가 아쉬운데?'라고 한 채 달아 놓은 썸네일에는 역시나 검색률이 저조했습니다. 유튜브의 썸네일처럼 우리 인생에도 내 인생의 방향을 이끄는 한 줄이 있습니다. 조금 어려운 말로 사명이라고 합니다. 사명은 내가 무엇을 위해 존재하는지 내 존재의 이유를 증명하는 문장입니다. 사명이라고 하면 조금 어려운 것 같아 기업의 사명을 예로 들어 들어보겠습니다. 삭막한 도시에서 자연을 그리워하며 사는 사람들을 위해 SK건설은 자연 친화적이고 조경이 푸르른 아파트를 만들었습니다. SK건설은 'Build the Green'이라는 슬로건을 필두로 환경경영체계를 구축했고 'Green Culture', 'Green Process', 'Green Product' 3개 영역으로 나누어 다양한 활동들을 추진하고 있습니다. 그래서인지 SK 아파트에 가면 푸르른 조경에 압도당할 정도로 조경이 잘 구성되어 있습니다. 또 하나의 예시를 볼까요? 한국에서 가장 큰 대기업인 삼성은 '크고, 밝게, 빛나는 3개의 별'이라는 뜻을 갖고 있습니다. 삼성의 창업주 이병철 자서전에 보면 삼(三)은 한국 사람들이 가장 좋아하는 숫자이면서 많은 것, 큰 것, 강한 것의 세 가지 의미를 담고 있고, 삼성의 성(星)은 밝고 높고 영원히 깨끗하게 빛나는 것이라는 뜻으로 기록되어 있습니다. 삼성은 여전히 대한민국을 빛내는 크고 밝게 빛나는 별로 자리 잡고 있습니다. 그 외에도 한 줄의 역사를 담은 것은 많습니다. 다이소는 '소비자 물가를 1% 낮춘다'라는 기업 사명이 있고, 아마존은 '지구상에서 가장 고객 중심적인 기업'을 사명으로 삼았고, 구글은 '세상의 정보를 정리해서 모두가 잘 이용할 수 있게 만드는 것'입니다. 이렇게 단 한 줄에 모든 가치와 역사가 함축되어 담겨 있는 것을 '사명'이라고 합니다. 사명이 없는 기업은 결국 철학의 부재로 도태되게 되어 있으며 기업의 운명은 사명을 얼마나 많이 이루어 내는가에 따라 달라지기도 합니다. 기업도 사명을 만들고 그것을 이루기 위해 노력하는데 많은 사람들이 내 인생이 창조해 낼 100년의 역사가 담길 소중한 내 인생사명을 모른 채 살아가는 모습을 보면 가슴이 먹먹해집니다. 어쩌면 미래에 내 후손들에게 기업과 같은 영향력을 만들지도 모를 소중한 내 인생, 그렇고 그런 삶으로 살기엔 너무 아깝지 않은가요? 비장하진 않더라도 소중한 내 인생을 대변할 가치 있는 한 줄을 만들어 보면 어떨까요?

[출처: 중앙일보] SK건설, 생활도 경영도 '그린 3박자'

[한 줄이 어렵다면 키워드 하나부터]

2015년 처음 사명이란 단어의 의미를 알고 나도 내 인생에 사명 하나쯤은 갖고 살아야지! 하며 쉬운 마음으로 사명을 적어 보려 했는데 막상 적어 보려고 하니 횡설수설 긴 말이 되기도 하고, 간략하게 한 줄로 나의 인생 전체를 담는 것이 어렵다고 느껴졌던 기억이 납니다. 쉽게 쓸 수도 있었으나 그러기엔 왠지 제 인생이 가벼워지는 것 같았습니다. 내 가치관, 비전, 삶의 방향 모든 것을 농축한 엑기스를 뽑아낸다는 것이 쉬운 일은 아니었지만 그렇다고 포기한 채로 살아야 할까요? 노노, 라이프 인플루언서가 되기로 마음먹은 이상 그럴 순 없습니다. 그렇다면 누구나 실천 가능한 가장 쉬운 방법을 알려드리겠습니다.

운명의 한 줄을 만들기 어렵다면 한 가지 키워드부터 정하는 겁니다. 내 삶을 조금 더 나은 방향으로 바꿔 줄 한 단어를 찾아내는 것이죠. 베스트셀러 에너지버스의 저자 존 고든은 '내 인생을 바꿀 한 단어'를 찾아보라고 말합니다. 너무나 간단해서 직관적이고 활용하기 쉽기까지 하다는 원 워드의 힘! 우리가 새해에 온갖 계획들을 세우고도 꾸준한 실천까지 이어 가지 못하는 이유는 많은 것들을 한꺼번에 지키려고 하다 보니 이도 저도 안 되는 경우가 많습니다. 예를 들어 저에게 상담하시는 많은 분들이 저처럼 미라클 모닝을 실천하고 싶은데 새벽에 일어나 독서하는 것이 정말 힘들다고 이야기 합니다. 그럴 때 저는 이렇게 대답합니다. "두 가지 습관을 한꺼번에 실천하려고 하면 저도 많이 힘들 거예요. 새벽 일찍 일어나는 습관, 일어나서 꼭 독서를 해야 하는 습관이요." 아침에 일어나 독서를 하는 것은 두 가지 행동을 한꺼번에 실천하려는 것과 같습니다. 이렇게 이야기해 드리면 그 일이 두 가지 습관을 만드는 것인 줄 몰랐다고 이야기하십니다. 그래서 꼭 새벽에 일어나기를 30일에서 60일 먼저 실천하시고 그다음 독서를 분리해서 실천하라고 말씀드립니다.

새해 계획 세울 때 보면 여행 가기 위해 돈도 모아야 하고, 이제부터 다이어리를 매일 쓸 것이며, 건강한 몸을 위해 운동도 매일 할 거야! 하고 불타는 의지력을 최대한 많은 계획으로 바꿔 뭐든 다 이룰 수 있을 것 같은 사람이 됩니다. 호기롭게 세운 계획들은 마침내 3일 만에 그 꿈이 좌절되는 모습을 흔하게 볼 수 있습니다. 작심삼일 때문에 좌절의 경험을 맛보는 사람들이 무려 87%나 된다고 합니다. 가장 위대한 것은 가장 단순한 법! 한 줄의 위력을 찾아내는 것이 아직 부담스럽다면 내 삶에서 더 나아지고 싶고 강화하고 싶은 한 단어를 찾아 운명의 단어로 만들어 보시는 건 어떨까요? 한 단어가 내 삶 깊숙이 자리 잡을 때까지 원 워드를 가장 중요한 위치에 두고 한 달이든, 일 년이든 실천해 보는 겁니다. 예컨대 한 단어는 이런 것들이 있겠네요.

#실행력 #습관 #독서 #긍정 #건강 #절제 #개발 #사랑 #자신감 #도전 같은 단어입니다.

여러분의 인생을 더 깊이 있고 매력 있게 만들어 줄 원 워드는 무엇인가요?

[존재의 이유]

저는 식물을 굉장히 좋아하는데요. 2~3일에 한 번씩 식물 샤워를 시켜줄 때마다 기분 좋은 명상음악을 꼭 틀어 둡니다. 식물들도 좋은 음악을 듣고, 좋은 말을 해 주면 더 잘 자란다는 실험 결과도 있습니다. 그런 제 마음이 전달되었다는 듯이, 저희 연구소 복도에 놓인 식물들은 하루가 멀다 하고 새로운 잎이 나옵니다. 그대로인 것 같지만 사실 매일 성장하고 있는 것이죠. 말하지 못하는 식물들조차도 자신이 사랑받는 중요한 존재라는 것을 느끼면 신비한 생명의 에너지가 발산됩니다. 사람도 똑같이 매일 성장하며 자신을 더 나은 길로 변화시켜야 합니다. 그래야 자신의 존재 이유를 발견할 수 있습니다. 기업도, 자연도, 사람도 모두 성장해야 자신의 존재 가치를 더 높일 수 있고 그것이 살아가는 존재의 이유를 만드는 것입니다. 존재의 이유를 모르는 기업은 가치가 사라지게 되고, 자신의 생명력을 내뿜지 못하고 시들어 가는 자연의 동식물은 강자의 먹이가 되거나, 시들어 사라질 뿐입니다. 사람도 마찬가지로 자신의 운명을 개척해 나가는 사람이 생기가 있고, 활력이 넘치게 됩니다. 존재의 이유를 모르면 다람쥐 쳇바퀴 돌 듯 방향성도 모른 채 나아가야 할 방향성이 부재가 되어 버리고 고립된 인생이 기다리고 있을 뿐입니다. **70억 분의 1인 소중한 나 자신**에게 맞는 소중한 가치를 찾아주세요. 그리고 그 가치가 빛나도록 매일매일 성장해 주세요. **내 삶이 곧 실력이고, 존재의 이유를 아는 사람은 내 삶으로 그 이유를 증명해 내는 사람**입니다.

[운명의 한 줄]

5년 동안 제 운명의 한 줄은 약 6번 바뀌었습니다. 성장할 때마다 새로운 운명의 한 줄이 저를 가슴 뛰게 만들었습니다. 앞으로도 얼마큼 더 운명의 한 줄이 변화될지는 모르겠지만, 중요한 것은 저만의 운명의 한 줄이 저를 더 빛나게 만들어 준다는 것입니다. 제가 살아 있고, 생각을 하고, 행동을 해야만 하는 중요한 이유를 이 한 줄이 늘 말해 주는 듯합니다. 편안하게 깊은 호흡을 한 번 하고, 내 자신에게 질문해 보세요. 살아 있는 것을 기쁘게 만들어 줄 수 있는 그 한 줄이 무엇인지 알고 있는 유일한 사람은 바로 나 자신입니다. 어렵다면 좋아하는 단어들을 조합해서 만들어 보는 것은 어떨까요? 그 운명의 한 줄이 내 운명을 새롭게 바꾸는 기적이 될지도 모를 일입니다. 마지막으로 내 삶의 이유이자 운명의 한 줄인 제 사명을 공유합니다.

[라이프 인플루언서 소피노자의 사명]

내가 가진 창의적 에너지로 나와 주변의 삶을 가장 빛나고 부유하게 만드는 존재가 된다.

여전히 only 1으로 사는 비결

[인간에게만 주어진 선물]

독서를 일상처럼 즐기다 보니 매년 가치관이 변화되어 갑니다. 요즘 저에게 자꾸 물음표를 던지는 단어 하나가 있습니다. '창조'라는 단어입니다. 모든 것은 창조를 거쳐 세상에 모습을 드러내기에 창조의 힘이 경이롭게 느껴질 정도로 새로운 시선이 생겼습니다. 인간의 독특한 점 하나는 어떤 것을 상상한 후 세상에 구현해 낼 수 있는 능력입니다. 우리가 사용하고 있고, 주변에서 보는 많은 것들은 누군가의 상상 속에서 태어난 것들입니다. 우리를 가끔 시간 도둑으로 만드는 TV, 한 공간에서 전 세계와 연결되도록 만들어 주는 스마트폰, 우리가 살고 있는 집, 옷, 우리를 편리하게 하고, 더 나은 삶으로 이끌어 주는 모든 것은 상상을 현실로 만든 누군가에 의해 누릴 수 있는 행복입니다.

저는 혼자 있을 땐 아주 엉뚱한 상상들을 해 봅니다. 마치 나 홀로 집에 남겨진 캐빈처럼, 그때부터 상상의 날개가 머릿속에 쭉 펼쳐집니다. 상상은 엉뚱한 질문으로부터 시작됩니다. '만약 집에 지붕이 없으면 어떻게 될까?' '만약 인터넷이 지금부터 한 달간 전 세계에서 끊기게 된다면 어떤 일들이 벌어질까?' '오늘부터 시간이 거꾸로 간다면 어떻게 될까?' 상상 속 세상은 정답이 없어서 더 신이 납니다. 머릿속에 펼쳐진 도화지에 제 마음대로 상상의 물감으로 그려 낼 수 있기 때문입니다. 어른이 되고 난 후 이런 상상의 날개를 마음껏 펼친 후 다른 사람에게 이야기하는 것을 꺼리게 되었습니다. 몇 해 전 상상 속에서 벌어진 일들을 누군가에게 이야기했는데 "왜 이렇게 철없는 생각을 해!"라고 말하는 듯한 눈빛으로 바라보는 모습을 아직도 잊을 수가 없습니다. 어른이 되면 꼭 철이 들어야 하나요? 저는 철이 드는 순간 우리의 상상 속 날개가 꺾인다고 생각합니다. 상상력은 인간에게만 주어진 무한한 능력이자 에너지입니다. 상상 속에 더 많은 문제를 해결할 수 있는 힘이 있고, 소비자가 아닌 공급자의 선에 설 수 있는 능력이 생깁니다. 우리는 상상하는 대로 이뤄 낼 능력이 있고, 상상 속에서 시작된 힘이 상상 이상의 결과를 가져오면 그것을 누릴 자격이 충분이 있습니다. 매일 그리는 나만의 상상 그림 한 장 어떠세요?

[아이처럼]

어렸을 적 크리스마스 추억 하나씩 가지고 있나요? 저는 초등학교 5학년 때까지 산타 할아버지가 우리 집에 오실 거라는 믿음을 갖고 살았습니다. 크리스마스가 있는 12월만 되면 매일매일 크리스마스에 기적이 일어나는 모습을 상상했습니다. 크리스마스는 늘 겨울방학이었기 때문에 집에만 있으면 산타 할아버지가 꼭 선물을 들고 찾아와 주실 것만 같았습니다. 원하는 선물을 받으려면 산타 할아버지가 원하시는 대로 착한 아이가 되어 있어야만 했습니다. 원하는 것이 있을 때 아무런 의심 없이 그것을 받을 수 있는 마음은 어린아이와 같은 마음입니다. 성인이 되고 나서는 언제부턴가 주변의 불필요한 시선들, 내 행동이 평가받을까 두려운 마음들이 저를 자꾸만 낮추게 되고, 남들이 원하는 시선으로 바꿔 가려고 하는 나 자신을 발견하게 됩니다. 그럴 때 저는 아이와 같은 마음을 찾기 위해 노력합니다.

제가 유아 교사일 때 아이들 역할놀이시간을 관찰해 보면 자신이 세상에서 가장 예쁜 공주도 되었다가, 사랑스러운 아기도 되었다가, 만능 슈퍼우먼 엄마도 되었다가 자유자재로 변신하며 상상의 나래를 펼쳐 갑니다. 이뿐만 아닙니다. 엄마가 되면 엄마 목소리, 엄마 말투가 베어 나오고, 공주가 되면 세상에서 제일 멋진 드레스를 입은 듯한 걸음걸이로 바뀌고, 특정 인물로 변신할 때마다 어쩜 그리 연기력이 탁월해지는지 아이들을 관찰할 때면 오히려 남의 시선을 의식하고 있는 제 자신이 부끄러워질 정도로 그 역할에 충실한 아이들에게 배우는 시간이었습니다. 우리에게 지금 필요한 것은 아이처럼 변화무쌍하게 자신을 변신시킬 수 있는 용기, 꼭 그렇게 된 것처럼 누구의 시선도 신경 쓰지 않고 실행하는 실행력, 점점 더 내가 바라는 대로 이루어질 거라는 확고한 믿음이 필요한 것은 아닐까요? 보이지 않는 것을 보이게 만드는 것은 나 자신을 믿고, 비전을 만들어 그대로 살아가는 실행력을 갖출 때 생기는 것입니다. 내가 바라는 세상을 상상하고 구현해 내는 것도 도전이고 실력입니다. 이것은 '생각'과 '행동'이 결합되어 나타난 새로운 창조력이기 때문입니다. 지금 나의 상황, 현재의 모습에서 새로운 나, 되고 싶은 미래로 만들어 갈 수 있는 길은 나 자신에게 주어진 모든 것을 통해 마음껏 변화될 수 있다는 어린아이 같은 신념과 소망에서부터 시작되는 것입니다.

[경쟁에서 창조로]

우리는 모두 마법을 쓸 줄 아는 마법사입니다. 갑자기 마법사 이야기가 나와서 깜짝 놀라셨다고요? 실제로 우리는 자신의 처한 환경에서 모든 것을 바꿀 수 있는 마법의 능력을 지니고 있습니다. 흔히 문제 해결사라고도 많이 하지요. 모든 삶은 끊임없이 다가오는 문제들로부터 얼마나 빠른 대응을 하느냐, 어떤 방식으로 개선해 나가느냐에 따라 삶의 질에서 차이가 납니다. 더 나아가 내 문제뿐만 아니라 다른 사람의 문제까지 해결해 줄 수 있다면 그야말로 돈과 인생의 모든 비밀과 수수께끼를 풀 수 있는 마법사가 될 자격이 충분합니다. 그렇게 되기 위해서는 우선 내 안에 숨겨진 최대치의 힘을 끌어 모아 남을 돕는 방법으로 사용할 수 있어야 합니다.

남을 돕는 방법은 여러 가지가 있지만 제가 추천하고 싶은 방식은 **경쟁이 아닌 건강한 창조 라이프의 삶을 사는 사람이 되는 것**입니다. 기업가, 문제 해결사, 전문가 등의 분야는 경쟁의 영역보다 창조 영역에 있는 삶입니다. 창조가가 된다는 것은 인간에게 주어진 최고의 선물인 상상의 힘을 자유자재로 사용할 수 있는 사람을 뜻합니다. 창조는 두 가지 방식이 있습니다. 첫 번째는 무에서 유를 창조해 내는 것이고, 두 번째는 있는 것을 더 좋게 혁신하는 방법이 있습니다. 어떤 것이든 좋습니다. 타인의 삶에 긍정적인 영향력을 펼치는 문제 해결사가 되려면 우리는 반드시 창조의 영역에 발을 담그고 있어야 합니다.

그리고 그 창조된 상상력을 사람들의 눈에 보이게 구현해 낼 수 있다면 위대한 성공자의 길로 들어설 문이 열리는 것과 같습니다. 코카콜라의 발명 이야기, 포스트잇이 생긴 유래, 비행기가 날아오른 최초의 날, 최초의 커피믹스, 이 모든 것이 경쟁 마인드가 아닌 창조 마인드의 생각을 가진 사람들이 상상의 힘을 통해 보이지 않는 것을 보이도록 구현해 낸 사례들입니다. 누군가에겐 상상이 쓸데없는 시간낭비일 수 있지만 세상을 뒤흔든 많은 사람들은 상상하고 실행하여 많은 사람들에게 새로운 창조물을 선물해 주었습니다. 이제 여러분의 라이프도 더 많은 사람들에게 영향력을 미칠 수 있습니다. 어마어마한 가능성의 문을 열어 주는 상상의 힘, 그것을 보이게 만드는 창조적 힘으로 멋진 라이프 인플루언서의 영향력을 100배 더 높여 보는 것을 어떨까요?

나답게 돈 버는 나만의 평생 비즈니스

[단 한 번뿐인 인생이라고?]

유독 좋아했던 예능 프로그램 무한도전에서 한번은 아주 재미있는 미션을 했습니다. 무한도전 멤버 다섯 명이 한도가 얼마인지 모르는 카드를 갖고 하루를 욜로족으로 사는 미션이었는데 결제할 때 카드 한도가 넘는다고 나오면 걸린 사람이 모든 사용 금액을 지불해야 했습니다. 아무도 카드 한도액을 모르기 때문에 카드 사용 때마다 시한폭탄을 터뜨리는 것처럼 조마조마한 마음으로 결제를 해야 했습니다. 똑같은 미션이 주어졌는데도 멤버들의 성향에 따라 다르게 돈을 쓰는 모습이 아주 재미있었습니다. 무조건 지르자!였던 박명수 씨, 하하 씨는 비싼 호텔 식사도 하고, 머리도 하며 쓰고 싶은 대로 다 쓰며 좋아하는 모습을 볼 수 있었던 반면, 유재석 씨와 정형돈 씨는 최대한 아끼려는 실속파다운 모습을 볼 수 있었습니다. 여러분이라면 카드 한도액을 모른 채 마음껏 쓰라고 하면 어떻게 돈을 사용할 건가요? 만약 그 카드가 우리 인생카드라면 어떻게 사용할 건가요? 한도도 모르고 얼마만큼의 금액이 들었는지도 모르는 카드라면 여러분은 어떻게 사용하시겠어요?

한동안 유행했던 '욜로'라는 단어를 아시나요? yolo란 '인생은 한 번뿐이다'를 뜻하는 You Only Live Once의 앞 글자를 딴 용어로 현재 자신의 행복을 가장 중시하여 소비하는 태도를 나타내는 단어입니다.

마치 내 인생이 오늘뿐인 것처럼 산다면 우리의 인생카드는 어떻게 될까요? 인생카드에도 분명 한도가 있을 겁니다. 그런데 그 한도를 한 번뿐인 인생처럼 한꺼번에 쓰고 싶은 대로 써 버린다면 내가 바라는 미래는 욜로와 정반대되는 삶이 펼쳐질 수도 있지 않을까요? 예상보다 인생의 유효 타임은 깁니다. 긴 호흡으로 가다 보면 욜로를 표방하지 않아도 그런 라이프를 즐길 수 있는 타이밍이 옵니다. 그날을 위해 기꺼이 우리의 노력이 빛을 발할 수 있도록 내 삶을 조금씩 성장시켜 나가야 하는 것이 진정한 욜로를 추구하는 방식 아닐까요? 단 한 번뿐인 인생이라 더 소중하고, 더 가치 있게 가꾸고, 더 사랑해 주어야 합니다. 인생을 두 번 살 수 있었다면 내 삶을 조금 덜 사랑하더라도 후회는 하지 않을 것입니다. 하지만 인생은 단 한 번 뿐인 기회만 주어지기 때문에 후회하지 않기 위해 내 인생 최대의 역량을 끌어 모아 인생의 한도를 지속해서 높일 수 있는 방법들을 찾아 레버리지 해야 합니다. **인생의 가장 현명한 투자는 오늘의 나를 가장 빛나게 만드는 것들에 대한 투자**입니다. 예컨대 나의 습관, 나의 태도, 나의 생각, 나의 의식 등을 바꾸어 나가는 데 시간과 노력을 투자하고, 그 발전된 것들을 통해 타인에게 영향력을 퍼트릴 수 있다면 내 인생의 만족도는 욜로족처럼 반짝 생겼다 사라지는 기쁨이 아닌 장기적 기쁨과 만족을 안겨 줄 것입니다.

[저는 매일 나에게 출근합니다]

저희 연구소에서 코칭을 받으신 코치님 한 분은 따로 시간 관리를 하지 않는다고 말씀하셔서 "그럼 하루를 어떻게 보내시나요?"라고 물으니 "이사님, 저는 매일 나에게로 출근하는 사람입니다"라고 답하셨습니다. 나에게 출근을 하신다고? 무슨 말씀인가했더니 나를 성장시키기 위해 매일 아침 9시면 서점이나 도서관, 카페로 출근해서 오후 3시까지 책을 읽고 글을 쓴 후 퇴근하신다는 말씀이었습니다. 50의 나이가 훌쩍 지나셨는데도 소녀처럼 작가의 꿈을 이루기 위해 매일 하루도 빠짐없이 출근을 하신다고하셔서 폭풍 칭찬을 해 드렸습니다. 오전 9시부터 오후 3시 퇴근시간이 되기까지 온전히 나에게 집중하는 시간이 있는 삶! 과연인생을 이렇게 살아가실 수 있는 분이 몇이나 될까요? 그 시간을따져 보니 하루에 6시간, 일주일 중 5일이라고 계산하면 30시간, 한 달이면 120시간이 나의 삶을 갈고 닦는 시간이었습니다. 무엇이 이렇게 코치님의 멋진 성장 타임을 스스로에게 선물하도록 만든 원동력이었을까? 궁금해 여쭤 보니 몇 년째 작가의 꿈을 이루고 싶어 꿈의 시간을 자신에게 선물로 주신다고 하셨습니다. 지금은 '글 테라피스트'라는 자기규정을 갖고 책 출간을 준비 중인 삶을 살고 계십니다. 내 꿈에 초대받는 시간, 내 꿈을 이루려고 더다가가는 시간, 이런 시간들이 차곡차곡 누적된다면 우리 앞에 펼쳐진 세상은 어떤 모습으로 우릴 반겨 줄까요?

매일 나 자신에게 출근하는 시간이 우리에게도 필요합니다. 하루 중 나 자신에게 온전히 집중하는 출근 시간, 그리고 그 출근 시간에 성과를 이뤄 줄 우선순위 한 가지는 무엇인지 찾아 실행해 보세요. 작은 모래알들이 쌓여 해변을 만들 듯 단 30분만이라도 내가 좋아하는 나만의 공간에서 나에게 오롯이 집중하는 시간을 축적시켜 보세요. 바로 지금부터요.

[최고다! 내 인생]

부자가 되는 추월차선에는 비즈니스 사업가가 되는 길도 있습니다. 우리는 모두 내 인생의 사업가이고 사업할 수 있는 역량을 갖고 태어납니다. 내 삶을 잘 살도록 만드는 것도 결국 나만의 비즈니스입니다. 부의 추월차선을 달리는 사람들은 결과보다 과정을 즐긴 사람들입니다. 보이지 않는 스토리, 보이지 않는 숨은 노력들을 만들어 그것을 증명해 내고 결과로 이어지도록 과정을 이끈 사람들인 것입니다. 오늘부터 여러분은 나만의 라이프 비즈니스를 시작할 수 있습니다. 그것이 브랜딩의 힘이고, 라이프 인플루언서의 가장 큰 사명이기도 합니다. 내 인생 비즈니스를 성공시키기 위해서는 열매가 맺을 때까지 비옥한 토양을 다듬고 질 좋은 씨앗을 열심히 심어야 합니다. 어떤 씨앗들을 심을 수 있을까요? 긍정의 씨앗, 비전의 씨앗, 독서의 씨앗, 인간관계의 씨앗, 멘토와 롤 모델의 씨앗, 말의 씨앗 얼마든지 다양한 씨앗을 심고 키울 수 있습니다. 어떤 사람들은 인생은 고난의 연속이라고 합니다. 저는 인생은 수수께끼의 연속이라고 생각합니다. 인생에 주어진 수수께끼들을 재미있게 풀어 나가다 보면 내가 찾던 길이 만들어지고, 소문을 듣고 찾아온 사람들과 소중한 인연이 생기기도 하고, 더 어려운 수수께끼를 풀어 보려고 애쓰기도 합니다. 인생의 정답은 없지만 최고의 인생은 존재합니다. "당신은 누구에게, 어떻게 영향력을 펼치는 사람이 될 것입니까?"에 대한 수수께끼를 하나하나 풀어 나가다 보면 비로소 인생의 베이스캠프를 뛰어넘어 정상에서 이렇게 외칠 것입니다.

"최고다! 내 인생!" 이 책을 덮는 순간 여러분의 인생이 누군가에게 사랑받고 존경받는 위대한 삶으로 펼쳐지는 기적이 일어나길 진심으로 응원하고 축복합니다.

에필로그

[평범하지만 비범하게 내 인생을 온전히 장악하는 법]

라이프 인플루언서로 삶을 살아온 지 6년 차, 많은 분들이 저에게 젊은 나이에 성공했다고 이야기합니다. 아마 스스로 삶을 바꾸려 노력하고 결과를 만들어 내는 모습이 다른 사람들 눈에는 엄청난 성과가 만들어진 것처럼 보였기 때문인 듯합니다. 어떤 면에서는 맞는 말입니다. 그러나 저는 모든 노력이 결과에 비례하지 않는다는 것을 알고 있습니다. 내 인생을 잘 살아가는 데 최선의 노력을 다한다고 해서 모두가 잘 사는 것은 아니기 때문입니다. 그래서 우리는 삶을 증명하기 위해 노력하기 전에 두 가지를 알아야 합니다. 하나는 내 인생이 어디로 흘러가고 있는지에 대한 방향성 점검이고, 또 하나는 지금이 무엇을 해야 하는 타이밍인지 깊게 사고하고 전략적으로 실행하는 것입니다.

현재는 포스트 코로나 시대입니다. 얼마간 참다 보면 지나가고 끝날 줄 알았던 코로나 시대는 여전히 현재 진행형입니다. 오늘날처럼 혼란스러운 시대에 우리는 무엇을 알아야 하고 무엇을 실행해야 할까요? 세상의 변화에 맞춰 나를 변화시키는 법을 알아야 합니다. 지금은 '부의 이전' 현상이 일어나는 시기입니다.

즉 세상의 체질이 변화되고 있는 것이죠. 세상이 변화될 때 우리도 따라서 체질 개선을 하지 않으면 결국 세상 흐름을 따라 체질 개선에 성공한 사람들로부터 멀어지게 됩니다. 바로 이것이 세상의 흐름과 방향성을 끊임없이 주목하고 바꿔 가야 하는 인생 게임의 법칙입니다.

내 삶을 비즈니스의 연속이라고 생각한다면, 10년 전과 현재가 조금은 변화되어 있나요? 10년도 깁니다. 세상의 모든 비즈니스는 당장 1년 전과 현재가 달라져 있지 않으면 냉정하게 도태됩니다. 지금부터라도 내 삶의 통제권을 갖고 있는 나는 어떤 방향으로 달려가야 할지, 어떤 전략으로 성장해 나갈 것인지에 대한 미래 지향적 사고방식이 필요합니다.

좋은 사업은 진입장벽을 높게 만듭니다. 진입장벽이 낮으면 누구나 따라 할 수 있지만, 진입장벽이 높으면 감히 따라 할 엄두조차 내지 못합니다. 내 인생에서 적어도 3개의 진입장벽을 만들어 낼 수 있는 역량을 가졌다면 여러분은 비로소 거인의 어깨가 될 준비가 된 것입니다. 사는 대로 생각하지 않고, 생각하는 대로 사는 삶, 내 삶의 진입장벽을 높이는 살아 있는 방법입니다.

라이프 인플루언서의 비밀은 내 삶에 대한 기준을 세우고, 남과 다르게 해석해 내는 능력에 있습니다. 똑같은 상황이 주어지더라도 해석하는 능력이 달라야 합니다. 남이 아닌 내가 내 삶의 주인이 되어 다르게 해석하는 능력은 어디에서 올까요? 바로 기준에서부터 나옵니다. 저 역시 인생의 시련이 닥칠 때마다 하나둘씩 인생의 기준들을 세워 나가기 시작했습니다. 내 삶에서 일어나는 일련의 사건들과 시련들을 어떻게 해석하고 바꿔 나갈 것인가에 대한 기준과 철학이 있다면 우리는 근간이 흔들릴 때마다 일시적 어려움은 겪더라도 다시 제자리를 찾아가기 위해 애쓸 것입니다. 그래서 라이프 인플루언서에게는 나이가 중요한 것이 아니라 원칙과 기준이 더 중요한 것입니다.

　마지막으로 이 글을 읽는 독자들을 위해 인생의 기준 한 가지를 제시하고 싶습니다. 그 기준은 내 안에 숨겨진 최대치의 힘입니다. 만약 현재 내 인생에서 내 안에 숨겨진 최대치의 힘이 발산되는 삶을 살고 있는 것이 아니라면 그 힘을 어떻게 꺼낼 수 있는지 스스로 기준을 세워 보시기 바랍니다. 진정한 라이프 인플루언서가 되려면 먼저 자신의 내면을 깊게 들여다봐야 합니다.

이 글을 읽는 독자 모두가 평범하게 살아도 된다는 본능적 속삭임을 극복하고, 매일 매 순간 연속적으로 가치를 창출하는 라이프 인플루언서가 되기를 바라며 이 글을 마칩니다.

평범한 인생을 비범하게 이끄는 라이프 인플루언서
'소피노자' 드림

박서윤

현)봄들애 인문교육 연구소 이사
현)행동력 라이프 인플루언서
현)라이프 마케터 코치
현)독서포럼 국제도시 송도나비 대표 및 기획자
제 3회 자기경영 대상 수상자
3P자기경영연구소 Binder Master
전자책) 돈 되는 강의 콘텐츠 만드는 법 저자

우주도 아는데 나만 모르는
나답게 살면서
돈 버는 법

초판인쇄 2020년 11월 30일
초판발행 2020년 11월 30일

지은이 박서윤
펴낸이 채종준
펴낸곳 한국학술정보㈜
주소 경기도 파주시 회동길 230(문발동)
전화 031) 908-3181(대표)
팩스 031) 908-3189
홈페이지 http://ebook.kstudy.com
전자우편 출판사업부 publish@kstudy.com
등록 제일산-115호(2000. 6. 19)

ISBN 979-11-6603-218-9 03320